山西博物院 编

藏品概览·瓷器
卷 I

山西博物院

文物出版社

图书在版编目（CIP）数据

山西博物院藏品概览 . 瓷器卷 . I / 山西博物院编 . --
北京：文物出版社 , 2019.7（2025.3 重印）
ISBN 978-7-5010-6091-7

Ⅰ . ① 山… Ⅱ . ① 山… Ⅲ . ① 文物—介绍—山西 ② 古
代陶瓷—介绍—山西 Ⅳ . ① K872.25

中国版本图书馆 CIP 数据核字（2019）第 035753 号

山西博物院藏品概览 · 瓷器卷 I

编　　者 / 山西博物院

责任编辑 / 张晓曦
责任印制 / 张　丽
装帧设计 / 谭德毅

出版发行 / 文物出版社
社　　址 / 北京市东城区东直门内北小街 2 号楼
邮政编码 / 100007
网　　址 / http://www.wenwu.com
邮　　箱 / wenwu1957@126.com
经　　销 / 新华书店
印　　刷 / 文物出版社印刷厂有限公司
开　　本 / 889mm×1194mm　1/16
印　　张 / 16
版　　次 / 2019年7月第1版
印　　次 / 2025年3月第2次印刷
书　　号 / ISBN 978-7-5010-6091-7
定　　价 / 280.00元

序言

山西位于黄河中游，地处中原农耕文化和北方草原文化交汇区域。特定的地理位置和多元的文化交流，为三晋大地留下了丰富而鲜明的历史文化遗产。山西现有不可移动文物 53875 处，其中全国重点文物保护单位 452 处。国有馆藏可移动文物 320 万件（组）。这些美轮美奂的文物，恰如散落在黄土地上的点点繁星，折射出华夏文明的璀璨光辉。

山西博物院前身为 1919 年创建的山西教育图书博物馆，是中国最早设立的博物馆之一，至今已有 100 年的历史。1953 年起称山西省博物馆。2005 年建成开放的山西博物院坐落在龙城太原美丽的汾河西岸，2008 年起向公众免费开放，成为全国首批国家一级博物馆，是山西省最大的文物收藏、保护、研究和展示中心。院藏的 40 余万件文物荟萃全省精华，其中新石器时代陶寺遗址出土文物、商代方国文物、两周时期晋及三晋文物、北朝文物、石刻造像、历代地方陶瓷、金代戏曲文物等颇具特色。

为保护传承山西历史文化，合理利用文物资源，以文明的力量助推社会的发展进步，值此建馆 100 周年之际，我院将分期分批推出院藏文物精品图录，藉以向为山西博物馆事业付出辛勤劳动、无私奉献和关心支持的各界人士表示崇高的敬意和衷心的感谢！同时希望更多的社会各界人士关注、关爱、支持山西博物馆事业的发展！

回望百年，一代代晋博人薪火相传，筚路蓝缕。遥望未来，新时代的文博人将栉风沐雨，砥砺前行。习近平总书记强调，要"系统梳理传统文化资源，让收藏在博物馆里的文物、陈列在广阔大地上的遗产、书写在古籍里的文字都活起来"。作为三晋文化的弘扬和传承者，山西博物院将认真贯彻落实习近平总书记关于文物工作的重要指示批示精神，坚持把社会效益放在首位，着力打造"艺术展示的殿堂，学生学习的课堂，民众休闲的乐园"，使博物馆成为推动经济社会发展、彰显地域文化魅力、提升人民生活品质的有力支撑，为不断谱写新时代中国特色社会主义山西新篇章而不断努力！

谨以此献给山西博物院成立 100 周年。

山西博物院院长

2019 年 1 月

综述

早在8000年前的新石器时代，中国先民就已经开始制造和使用陶器，并在制陶工艺发展的基础上，创造出原始瓷器。在东汉晚期，开始烧制成熟的青瓷。瓷器的发明是中国先民对世界物质文明的杰出贡献，中国古代瓷器不仅具有高超的工艺水平，也蕴含了极高的美学鉴赏价值，是技术与艺术的完美交融。中国历代瓷器以其独特的魅力为全世界人们所喜爱，中国在世界上博得"瓷之国"的称号。

中国是最早使用高岭土烧制工艺日用品的国家。山西夏县东下冯遗址龙山文化晚期地层出土的20余片原始青瓷瓷片，是目前发现中国最早的原始青瓷。原始瓷器烧制技术不断改进，到东汉晚期，浙江上虞小仙坛窑开始烧制成熟的青釉瓷器，并形成了以越窑为代表的庞大南方青瓷生产体系。

三国时期，瓷器生产以浙江地区为中心，青瓷为主。此时的青瓷施釉均匀，釉汁纯净，以淡青色为主，胎质呈淡灰色，坚硬细腻。常见的装饰纹样有弦纹、水波纹、铺首、方格网纹等。西晋的制瓷技术益加精巧，既实用又美观，青瓷的用途也扩大到人们的日常生活。酒器、餐具和卫生用具等成为瓷器主要造型。东晋时期，南方青瓷造型趋向简朴，装饰减少，有些器物只使用褐色斑点作为装饰。南朝时期，继承了前代青瓷生产工艺，出现刻划莲瓣纹装饰。

北方青瓷的生产究竟始于何时，在目前古陶瓷界还没有充分的材料可以证明。目前已知的北朝青瓷窑址有山东的淄博寨里窑、河北邯郸的贾壁窑、河北内丘窑和河南的安阳窑等。它们的产品在品种、形制和烧制工艺上，存在共同的时代特征，同时又有各自的地方风格。

山西地区出土了许多北朝青瓷，北魏墓葬有大同北魏太和八年（484年）司马金龙墓、太原北魏神龟三年（520年）辛祥墓、侯马高村乡北魏墓，器型有鸡首壶、盏托、罐、唾壶等。其中司马金龙墓出土的青釉唾壶、辛祥墓出土的青釉龙柄鸡首壶、青釉盏托与南方青瓷相近。北齐墓葬出土北朝青瓷资料更加丰富，主要有山西寿阳北齐河清元年（562年）库狄回洛墓、山西祁县北齐天统三年（567年）韩裔墓、山西太原北齐武平元年（570年）娄睿墓、山西太原北齐武平二年（571年）徐显秀墓、太原南郊北齐壁画墓等。太原周边地区北齐墓出土的青瓷有明显的北朝风格，胎白但因烧结温度不高，瓷化程度稍低；釉色青中泛黄，玻璃质感强；胎体厚重，器型硕大；造型多样，纹饰繁复。主要器型有鸡首壶、壶、带盖罐、高柄灯、盘、盒等，造型类似于南方青瓷，也有异域文化和佛教文化风格。如库狄回洛墓出土的黄釉莲瓣尊，造型口小底大，如水滴状，不同于中原陶瓷器，类似于无模吹制成型的贴花玻璃瓶，别具异域风姿。这种造型的尊在北朝时期其他墓葬还没有发现。所饰的莲花纹多为呈双弧线，瓣形窄而长，也不同于中国早期本土莲花纹。为太原地区北齐青瓷常见。娄睿墓出土的黄绿釉贴花铺首瓷盖壶，颈部贴三个铺首，口吐细茎莲花垂于腹壁，莲花间贴三个铺首衔环，这样的装饰富有中亚风格。娄睿墓出土的青釉灯集模印贴花、刻花和浮雕三种装饰技法于一器，饰莲瓣纹、忍冬纹、联珠纹等纹样。最为特殊的是在灯盏的外壁贴饰有新月托日的符号，这个符号是祆教重要的标志。它也是萨珊波斯国王皇冠上的徽记，在虞弘墓石椁、安伽墓门额上也有相同图案。1956年太原市玉门沟出土的青釉印花胡人狮子纹扁壶，颈部底部饰联珠纹，是萨珊波斯人所喜爱的图案装饰，这种纹饰常常被应用于金属器之上，装饰位置也都在口沿、颈、肩、底足等位置。舞狮习俗起源于三国时期，南北朝时开始流行，狮舞的技艺源于西凉的"假面戏"，唐代时盛行于宫廷与民间。唐段安节《乐府杂寻》中说："戏有五方狮子，高丈余，各衣五色，每一狮子，有十二人，戴红抹额，衣画衣，执红拂子，谓之狮子郎，舞太平乐曲。"太原玉门沟出土的青釉扁壶是描绘狮子和手持拂子的假面胡人舞狮的情景。

隋统一全国后，经济、文化有了较大发展。瓷器生产除了继承北朝的青瓷外，已成功烧制白瓷。这样，中国瓷器便由青瓷发展到

了白瓷的阶段。白瓷烧制成功，开创了唐代中国古瓷器"南青北白"的局面，并为以后彩瓷的出现创造了物质和技术条件。

山西地区隋代瓷器重要发现有1980年山西太原沙沟村隋开皇十七年（597年）斛律彻墓出土的青瓷尊和青瓷砚。青瓷尊，喇叭状口，束颈，卵形腹，高喇叭足底内凹，肩部有四个双带形系，腹部上层饰莲瓣纹，通体施青釉，造型、装饰纹样均与故宫博物院收藏1948年河北景县北魏封氏墓群出土的北朝青釉莲花尊相似。以莲花为主题纹样，结合了雕刻、刻划、模印贴花等装饰技法，延续北齐青瓷的装饰风格。斛律彻墓出土的白釉高足瓷杯，敞口，深腹，高喇叭足。内外施白釉，釉色微泛青，胎白体轻，玲珑别透，体现了隋代白瓷高超的工艺水平。根据现有考古调查资料，只有河北邢窑在隋代能烧制真正意义的白釉瓷，斛律彻墓出土的白釉杯是邢窑代表作品，其深腹高足来自西域金银器造型。

山西地区隋代瓷器另一个重要发现，当为1980年汾阳北关隋开皇十五年（595年）梅渊墓中出土了一批精美的青釉瓷器，种类有龙柄壶、鼓腹盖罐、高足盘、唾壶、灯、碗，时代特征明显，造型与装饰技法属于典型隋代风格，堪称隋代北方青瓷的代表作品。梅渊墓出土的瓷器胎色灰白，胎质细腻，釉面薄而均匀，釉色呈淡青色，玻璃质感强，有冰裂纹，流釉现象不明显，这些特征与河南安阳窑烧制的青瓷大致相仿，可能属安阳窑制品。

唐代瓷器生产不仅要满足国内市场需要，还远销到国外。瓷器使用也已扩展到平民百姓，唐李肇《国史补》载："内丘白瓷瓯，端溪紫石砚，天下无贵贱通用之。"唐代白瓷经过北朝、隋代的发展，更是异军突起，与南方的青瓷相映成辉，形成了"南青北白"的大格局。南方以越窑青瓷为代表的青瓷系统，釉

色葱翠，如冰似玉；北方邢窑为代表的白瓷系统，胎质细腻，类银似雪。

其间河南禹县等地的瓷窑，烧制一种黑瓷地上带乳白色、中间呈现出蓝色针状的斑块装饰的花瓷。这一新兴品种为后来钧窑窑变釉的烧制打下了基础。陕西铜川地区烧制的青釉瓷也初现端倪。

山西地区唐代瓷窑据发现报道有浑源、平定、河津、交城等地，除浑源外都未经正式考古发掘证实。墓葬资料发现从北到南都有，以太原和长治两地出土较多。出土器物种类有碗、碟、罐、钵、盂、壶、盒、灯、枕等，按釉色可分为白釉、青釉、黄釉、黑釉、绿釉和三彩等。1959年太原市太西磷肥厂出土唐白釉瓷唾壶，是唐代北方白瓷的优秀代表作。1993年朔州出土的绞胎瓷枕，器身白色、褐色相间，美观大方，令人赏心悦目。

隋唐时期瓷器出现了不少新的造型，有着浓重的异域风情，是东西方文化交流以及中原文化与周边文化相互影响的产物。如双龙瓶、胡瓶、凤头壶、皮囊壶等。1965年太原石庄头出土的白釉人头柄壶，其造型与内蒙古敖汉旗李家子营出土的银瓶、宁夏固原李贤墓出土的鎏金银壶相近，有中西亚风格。

北宋结束五代十国的分裂局面，商品经济发达，社会对瓷器的需要量增加。因此瓷器制作技术有了较大发展，质量不断提高，种类日渐丰富，既有生活用瓷，也有用于观赏的高档陈设瓷。宋代的制瓷业呈现出欣欣向荣的局面。受宋代理学思想影响，宋瓷追求着宁静、纯粹的艺术效果，青瓷如冰似玉，白瓷素雅冷净，黑瓷深沉温润。

金代的陶瓷生产，应分为前后两个时期。前期的瓷器生产主要在东北地区，工艺水平较低，制品大多粗糙，民族风格和地域色彩较明显。后期的陶瓷生产是在大定初年金与南宋达成和议之后，宋金停止战争，社会安定，金朝经济得到恢复和发展，陶瓷业也得到一定程度的恢复。钧釉瓷的生产范围从河南扩展到河北、山西等地。烧制工艺主要继承北宋的风格，质量不逊于北宋。金代定窑窑址仍在曲阳涧磁村一带，制作规整精巧，装饰技法绚丽多姿，一丝不苟。从胎质、釉色和花纹装饰上，与宋代定瓷差别不大。从中可以看到金代定瓷与北宋定瓷的承继关系。金代最具代表性的一类瓷器采用了白地绘黑花装饰技法，疏疏几笔，勾画出一个枝叶或一个花朵，笔法自然疏畅，其杰出的代表便是磁州窑。

金代瓷器工艺的一个显著特点是广泛采取"砂圈叠烧法"，即在器胎施釉入窑焙烧之前，在碗盘的内底部位先刮去一圈釉面，使其形成露胎环，层层叠烧，从而达到减少工序、提高产量的目的。

南方地区仍是赵宋统治区，制瓷业也得到飞速发展。浙江龙泉窑烧制的青瓷已经达到历史的最高水平。杭州修内司官窑的产品也基本达到北宋的水平。江西吉州窑以黑釉瓷盏著称，其独创的木叶漏花、剪纸漏花装饰工艺为人喜爱。景德镇仍在烧制青白瓷，玲珑剔透，晶莹可爱。

山西博物院收藏有不少宋金时期瓷器，其中不乏精品。1986年河曲县五花城村出土的宋耀州窑青釉刻花牡丹花纹瓷碗，1972年山西省稷山县小费村出土耀州窑青釉印花双鹤纹碗均是难得的耀州窑青瓷代表作。宋定窑白釉刻花菊瓣纹盒是山西博物院收藏的精美的定窑刻花器，属北宋定窑瓷妆奁盒的精品。

景德镇青白瓷釉色介于青白之间，白中闪青，青中闪白，具有温润如玉的效果。青白瓷在山西地区的出土多在大同一带，最著名的就是现藏大同市博物馆的元青白釉镂空广寒宫图瓷枕。枕体四面雕四组宫殿建筑，正面塑神话传说中月宫嫦娥故事。山西博物院收藏的青白瓷刻花婴戏图碗，纹饰清晰，线条流畅，画面颇为生动，亦是佳品。

龙泉窑制瓷历史始于三国两晋，结束于清代，是中国制瓷历史上最长的一个瓷窑。龙泉窑青瓷不仅畅销于国内，而且远销于亚洲、非洲、欧洲的许多国家和地区，影响十分深远。龙泉窑青瓷著名品种有梅子青、粉青，青绿淡雅，釉面光泽柔和，晶莹如玉。因以釉色取胜，所以龙泉窑青瓷流行用贴花、浮雕，少有刻花、划花。山西博物院收藏的龙泉窑青釉刻花五管瓶与浙江龙泉青瓷博物馆收藏的一件五管瓶造型、纹饰相似，龙泉青瓷博物馆收藏的五管瓶盖内有墨书"庚戌十二月十一日太原王记"，北宋庚戌年即北宋神宗熙宁三年（1070年）。据此山西博物院收藏的龙泉窑青釉五管瓶也应当属于北宋中期龙泉窑产品。

宋金时期是山西地区瓷器生产的黄金时期，瓷窑遍布全省各地。从目前考古资料来看，宋金时期山西境内的大小窑址多达六十余处，分布于大同周边雁北地区、太原周边晋中地区、临汾周边晋南地区以及长治周边晋东南地区。主要烧制白瓷、黑瓷，也有少量青瓷、绞胎瓷。装饰技法的划花、印花、剔花、白釉红绿彩、白釉黑（褐）花、黑釉铁锈花、黑釉红斑等。浑源青瓷窑还发现过所谓的"镶嵌青瓷"。

印花工艺在晋中地区诸窑及东部的平定窑、盂县窑常见。山西地区宋金瓷窑的印花工艺，纹饰布局完整，线条清晰，但不讲求均衡对称。常见有缠枝花卉、婴戏牡丹等图案，题材新颖，生活气息浓厚。故宫博物院调查介休洪山窑址曾发现婴童荡船纹印花残片，为其他窑址所不见。山西省考古研究所在介休洪山窑址发掘时，收获有几件宋金时期印花盘碗模，纹饰有缠枝牡丹、缠枝菊，其中一件盘模带有"政和八年闰九月初九日胡安匠"

铭，底部刻折枝牡丹，花蕊上方有一只蝴蝶。腹部刻一周缠枝牡丹，花蕊有呈弧形排列的锥刺小点，边饰为连续如意云头。这批印花模范为研究宋金时期晋中地区印花瓷器提供了准确的资料。印花工艺多用在精细白釉瓷或青釉瓷盘碗上。1957年太原出土的金青釉印花缠枝纹碗，碗内壁印缠枝花纹，碗心印轮状花纹，两组花纹之间饰草叶纹。根据装饰纹样，烧制工艺判断属于介休窑产品。另一件金黄釉印花碗，1956年太原西郊出土，碗内壁印六朵花卉纹，花叶纹填饰空白，碗心有一"苑"，工艺装饰与孟家井窑相近。

印花工艺在晋中地区宋金瓷窑还常用在瓷枕上。太原北郊出土的金"泰和四年"铭白釉划花莲池鱼纹枕，枕面饰莲蓬鱼纹，枕壁印米通花，枕底墨书"泰和四年六月六日价三十八足"。这种装饰工艺的瓷枕在太原周边地区出土很多，在其他地区则少见，推测产地应在晋中诸窑。由此可推测山西博物院收藏的另一件黑釉印花瓷枕，枕面素面无纹，枕壁印花装饰，也应是晋中地区制品。

划花是中国瓷器的常用装饰技法之一。唐代越窑开始使用这种工艺装饰瓷器，宋代定窑、耀州窑广泛使用，定窑刻花白瓷、耀州窑刻花青瓷为世人称赞。山西地区宋金时期各地窑址在白釉、黑釉瓷上普遍使用划花工艺，并形成自己特点。白釉瓷使用划花有两种：一种是在尚未干透的瓷器表面用尖状工具浅划出线条状花纹；另一种是在瓷胎上施化妆土，在其上划出线条状花纹，然后再施透明釉。山西地区的黑釉瓷也用划花装饰，不同的是直接在釉层上用刀划出花纹，别具一格。

珍珠地划花是瓷器借鉴唐代金银器錾花工艺而创制的一种工艺，即在瓷胎上刻划花纹图案时，在空隙处戳印细密的珍珠纹。珍珠地划花起源于河南密县窑，山西介休、河津、交城窑都有烧造。

剔花是利用化妆土装饰的一种工艺，起源于北宋磁州窑。它是利用含铁量较高的胎体烧成后所呈现的灰色、褐色、赭色或褐黑色，与化妆土烧成后的纯白色形成对比，通过剔、划，取得不同颜色的视觉效果的一种工艺。山西地区宋金瓷窑普遍采用剔花技法，白釉瓷运用剔花装饰与磁州窑一致。黑釉瓷剔花装饰不同于河北、河南的剔化妆土，而是剔釉，形成自己的特色。即直接将纹饰以外地纹部分的釉层剔掉，露出胎体，产生黑白对比效果，形成粗犷豪放的装饰风格。黑釉瓷采用这种剔花装饰在山西地区应用很广泛，尤其是大同地区的大同窑、浑源窑、怀仁窑最具代表。1955年山西天镇县夏家沟金代居住遗址出土的黑釉剔花小口坛，通体施黑褐色釉，釉层较亮，近口部以下一周剔花瓣纹，上腹剔一周卷叶纹。褐釉剔花梅瓶，施褐色釉，釉层较亮，上腹用剔釉工艺，饰一周卷叶纹，线条粗犷，剔刻技术娴熟。

白釉黑彩是宋代磁州窑工匠吸收了中国传统水墨画和书法艺术的技法，与陶瓷烧制工艺相结合，创造出一种富有中国特色的瓷器装饰艺术。这种黑白鲜明，具有浓郁笔墨情趣和醇厚民间色彩的独特装饰艺术，与题材多样的吉祥图案相结合，深受民间所喜爱。金元时期山西地区，普遍使用白釉黑彩装饰。以晋中地区介休窑、交城窑、榆次窑和晋南地区河津窑为代表。题材多见草叶纹和诗文，常装饰于盆、碗、盘的内壁，瓶、罐、器盖表面和枕面上。画花技法娴熟，纹样线条流畅，浓淡有别，多呈酱色或赭褐色。如山西博物院藏白釉褐彩绘折枝花卉纹罐。白釉褐彩常见的还有诗句或吉祥语句装饰。如太原市双塔寺街出土金白釉褐彩诗句枕，枕面书写"高卷绣帘观夜月，低垂银幔玩秋金灯"。

河津窑也有画花技法娴熟的白釉黑彩瓷，但最具代表性是剔花填黑彩。工艺步骤是：先于瓷枕表面施一层白色化妆土，用剔刻、勾划的手法剔出花纹，再在剔地处填黑彩，最后罩一层透明釉，烧成后的枕面纹样白如凝脂，底黑似漆，极富立体感。河津窑剔花填黑彩枕藏于世界各大博物馆，为世人珍爱。山西介休窑、交城窑另有一种白釉赭彩装饰，烧成后色彩呈现出橘红色，别具特色。

釉上彩绘即白釉红绿彩，山西地区白釉红绿彩生产集中在长治地区八义窑，八义窑以烧造红绿彩瓷而著名。八义窑红绿彩瓷产品较多地采用红彩和绿彩，黄彩较少使用，且多数线条较粗，画风朴拙，烧成后发色不甚鲜艳。绘画技法多用工笔兼写意或没骨法，浓翠红艳，别具一格。纹饰多为折枝花草、禽鸟、鱼纹，绘于盘碗中心，寥寥几笔，信手拈来，却已生动活泼、意趣盎然。长治八义窑白釉红绿彩瓷的品种主要有两种，一种是纯白釉瓷上施彩，另一种是白釉黑花瓷上施彩。第一种有施红绿黄彩的，也有单施红彩或绿彩的。第二种或是黑彩作为整体纹饰中的一种色彩，或是黑彩框边中间填饰绿彩，也有在白釉黑花上点饰绿彩。这种工艺与景德镇明成化时期盛行的五彩、斗彩工艺如出一辙。所以说，八义窑是中国瓷器釉上彩滥觞。

1959年侯马市金墓出土的白釉红绿彩"清"字碗。器型规矩，白釉微泛黄，饰红绿黄三彩，层次分明，画工流畅，活泼自然，是八义窑上乘之作。长治八义窑烧制白釉红绿彩瓷一直延续到元代，山西省汾西县元代至正年间刘用墓出土的白釉红绿彩折枝牡丹花碗可为佐证。

镂空也是中国古代陶瓷器的传统装饰技法之一。这种在胎坯体上透雕花纹在新石器时代就有，山东大汶口出土的薄胎黑陶把杯的把柄上就有多种镂空纹饰。魏晋时期的各式瓷香熏都采用镂空装饰。宋以后瓷器镂空装饰日臻成熟。介休窑镂空装饰在山西地区瓷窑中最具特色，常用于器物底座或器盖上。1958年太原市金胜村出土白釉镂空熏炉，是北宋时期介休窑精品。

绞胎瓷最早见于河南巩县窑，宋金时期河南焦作地区有广泛生产，尤以当阳峪窑水平最高。山西境内最早的绞胎瓷片见于浑源窑唐代地层中，系低温绞胎。宋金时期山西地区出土的绞胎瓷大致可分为两类：一类为规整的羽毛纹绞胎瓷，近似当阳峪窑的产品，但其褐色花纹要细，如大同金正隆六年（1161年）徐龟墓中出土的绞胎钵；另一类绞胎纹理十分随意，似烟雾流云，如朔州出土的元高足绞胎碗。从河南与山西制瓷业发展情况来看，山西的绞胎很可能受到了河南影响和启发，创造出了不同特色的绞胎制品。

"绞釉"瓷的出现可能稍晚，在纪年墓资料中，目前仅见河南焦作金大定二十九年（1189年）墓出土一件绞釉罐。"绞釉"瓷器有两种，一种是搅化妆土，用两种不同颜色的化妆土搅和在一起，然后施透明釉。另一种是直接用两种不同颜色的釉搅在一起，形成行云流水般的装饰。目前发现烧制"绞釉"瓷的窑址主要集中在河南地区。1993年7月山西平朔曹沙会村金墓出土的绞釉玉壶春瓶，颈下及腹部饰褐、白绞釉纹饰，通过釉的流动熔融产生褐白两种颜色流沙般的纹理。

兔毫与油滴釉作为黑釉瓷的一个品种，以宋代福建建窑最为著名，山西地区临汾窑、怀仁窑、临县窑也有烧造，并把兔毫与油滴作为黑釉瓷一种重要装饰应用其他器物上去。2008年山西省大同市怀仁县城出土的黑釉兔毫盏，撇口，斜壁，浅圈足。内外施黑釉，釉呈丝状兔毫窑变，釉不及底，圈足露胎，胎呈白色，刷酱色护胎釉。属雁北地区怀仁窑制品。

黑釉铁锈花也是极富山西地方特色的黑釉装饰技法。其用含铁量高的彩料直接绘于黑釉釉面之上，烧成后，漆黑光亮的黑釉表面上可见美丽的褐色花纹。1983年山西省柳林县薛村出土的铁锈花玉壶春瓶，通体施黑釉，腹部绘有三朵铁锈色卷叶花，纹饰简洁大方，即其中的代表之作。黑釉铁锈花常见的只是用铁锈花斑块作为装饰，多用在碗心。太原出土的金黑釉铁锈斑盖罐，漆黑釉面上，以赭红色斑块为装饰，庄重典雅。

元代瓷器生产是中国陶瓷史发展的重要转折点，江西景德镇成功烧制青花瓷，在明以后成为中国瓷器的主要品种。这改变了中国瓷器的生产面貌，具有划时代的意义。江西景德镇也因此奠定了"瓷都"地位。其他各窑场瓷器生产逐渐走向没落，但宋金时期南北方各窑场仍延续烧制各自的特色瓷器。山西博物院收藏的龙泉窑青釉罐，胎质细腻，釉色翠绿泛青，器身以六十四凸棱为装饰，凸起处釉薄而呈浅白色，青白相间，晶莹可爱，是元代龙泉窑精美作品。龙泉窑青釉贴花双鱼纹洗，通体施青釉，内底贴饰并排相向双鱼纹，鱼儿摇头摆尾，线条细腻流畅，器外壁饰莲瓣纹。此洗造型典雅，釉面光泽莹润，亦是精品。元白釉黑彩飞凤纹罐，黑彩绘展翅飞翔的云凤图案，下腹为釉下黑彩写意小鸟，线条流畅，生动自然。凤鸟以篦划纹刻划羽毛细节，此工艺与元青花相同，应是元代瓷器特征。中国国家博物馆收藏有一件榆次窑白釉玉壶春瓶，器身黑彩书"榆次县孟家井烧来"，这是目前唯一标明产地是榆次窑的产品。太原南坪头出土的白釉黑彩花叶纹玉壶春瓶与中国国家博物馆收藏的榆次窑白釉玉壶春瓶造型、釉色一致，应该也是榆次窑产品。黄绿釉长方枕，枕呈长方形，全身用红绿彩装饰，枕壁红叶绿地，绘连续草叶纹，枕面绘莲荷纹，是磁州窑系的作品。

元代山西瓷窑承袭金代瓷器工艺,白釉剔划花、白釉红绿彩瓷、黑釉剔花、黑釉铁绣花仍在烧制。较为重要的瓷窑除宋金时期的瓷窑还有霍州窑、介休城关窑等。

霍窑最早的文献记载见于明初曹昭《格古要论》卷之七《古窑器论》中"霍器"条中载霍器出于山西平阳府霍州。"彭窑"条中载元朝戗金匠彭均宝,效古定器制折腰样者甚整齐,故名曰"彭窑"。"土脉细白者与定器相似,比青口欠滋润,极脆,不甚值钱。卖骨董者称为新定器,好事者以重价收之,尤为可观"。元代霍窑以烧制白釉瓷为主,如古人所云,霍窑细白瓷仿定似定,然而两窑的细白瓷是亦有区别的。烧制工艺霍州窑瓷器虽在碗心、盘心涩圈露胎,但多用泥质细腻锥型五支钉支烧,往往在足根留有五个支钉。而定窑采用"覆烧""砂圈叠烧法"等方法,不见霍窑的支钉痕。陈村出土的白釉划花卷草纹盖罐,宝珠形纽盖,鼓腹略下垂,足根平切,通体施白釉,肩部划卷草纹。此罐器型规整,釉色洁白,胎质与釉色以及修胎工艺与常见霍州窑盘、碗一致,应是少见的霍州窑白釉划花罐。同时出土的另一件白釉折沿双鱼纹小盘,宽沿折腹,圈足,足墙稍外撇,盘内底印双鱼纹,施白釉,釉色微泛黄,外壁施半釉。此盘与山西博物院收藏的另一件霍窑白釉折沿双鱼纹小盘造型、纹饰、胎质一致。只不过山西博物院收藏的用金属镶口。综合两件特征考虑,这种类型的小盘即古文献记载的霍窑"效古定器制折腰样者"仿定的折腰盘。

元代山西地区瓷窑另一个特点是烧制钧釉瓷器,以大同地区浑源窑成就最高。在大同地区元代常见出土钧瓷,1958年大同冯道真墓就出土有11件钧釉瓷,器型有碗、碟、盘、瓶、炉等。釉色为天青和天蓝,胎白坚硬,与浑源窑标本基本一致。

青花瓷的成功烧制是元代瓷器生产的最大成就,它改变了中国瓷器的生产面貌,成为明以后中国瓷器的主要品种。山西博物院收藏的元青花缠枝牡丹纹罐,胎骨细腻,釉色青白。四层纹饰,颈为姜芽海水纹,肩为缠枝石榴,花盛叶茂,腹部绘缠枝牡丹,先用篦划纹刻划牡丹纹花瓣和叶子筋脉,再涂钴料。底部为莲瓣纹。青花呈色浓艳,青料聚集处"锡光"隐现,系使用高铁低锰的进口钴料所致。该罐造型饱满,纹饰华丽,色彩深沉,为元青花之精品。

目 录

瓷器卷 I · 图版

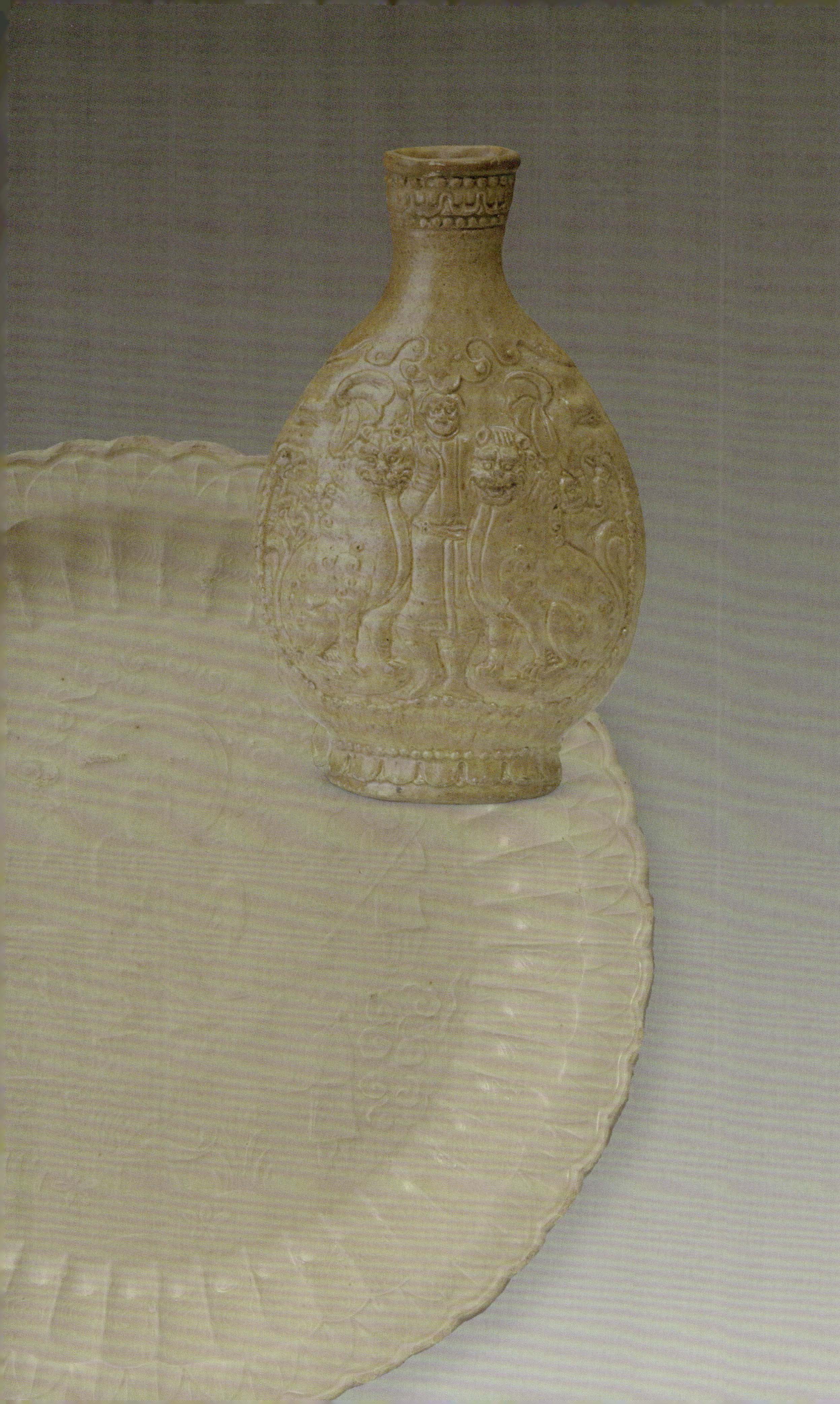

青釉褐彩双系盘口壶

东晋

高 18.5 厘米，口径 10.5 厘米，底径 9.7 厘米

1958 年上海博物馆调拨

盘口，细颈，鼓肩，平底微内凹。通体施青釉，呈青绿色，釉不及底。肩部饰弦纹，贴附两泥条系，盘口点饰褐彩。

青釉双系盘口壶

东晋
高 23.8 厘米，口径 12.9 厘米，底径 11 厘米
1959 年上海博物馆调拨

盘口，细颈，鼓肩，平底微内凹。施青釉，釉色泛黄，釉层稀薄不及底。露胎处呈褐色。肩部饰弦纹两周，两侧各贴附一个泥条系。

青釉四系罐

东晋
高 10.7 厘米，口径 8.7 厘米，底径 7.1 厘米
1958 年上海博物馆调拨

直口，丰肩，腹下内敛，平底。土黄色胎，施青釉。釉面光亮，有细碎开片，釉不及底，有流釉现象。肩部均匀置四个"工"字形系，肩部饰弦纹两周。

青釉褐彩长柄灯

东晋
高 19.5 厘米，口径 9.8 厘米，底径 12.8 厘米
1958 年上海博物馆调拨

灯盏呈碗状，盏沿下有弦纹一周，口沿及盏心点褐彩。灯柄作束腰柱状，下承一浅盘。通体施青釉，釉色泛黄，底有支烧痕。

东晋时期，瓷器装饰简单，有些器物只使用褐色斑点作为装饰。

青釉三兽足砚

东晋
高 4 厘米，口径 12.2 厘米
1959 年上海博物馆调拨

圆形，平底，下承以三兽足。砚内无釉。外施青釉，釉面有细碎开片，釉面莹润。

这种多足圆盘青瓷砚为隋唐时期"辟雍砚"的前身。早期仅三足或四足，愈晚足愈多。

青釉砚

南朝
高 4.5 厘米，口径 8.1 厘米
1959 年上海博物馆调拨

圆形，砚面下凹，砚盘下有七个水滴形足。施青釉，砚面、底均无
釉，砚面平滑，有五个红褐色支烧痕。灰白色胎，胎体结实。

青釉划花莲瓣纹龙柄鸡首壶

南朝
高 12.6 厘米，口径 7.3 厘米，
底径 9.3 厘米
1953 年北京市征集

盘口微敞，束颈，丰肩，腹部内敛，平底。肩部一侧引颈鸡首，另一侧置圆股柄，与口相接处雕饰为龙首。肩部划阴线莲瓣纹，并贴塑二桥形系。施青釉，釉不及底，胎色泛黄。

青釉龙柄鸡首壶

北魏
高 28.5 厘米，口径 8 厘米，
底径 10 厘米
1972 年山西省太原市辛祥墓出土

盘口，细颈，丰肩，鼓腹，平底。肩部一侧附一高冠圆目鸡流，另一侧置双圆股柄，柄上端为螭首，螭衔壶口，肩两侧有两桥形系。通体施淡青釉，釉面布满细碎开片，且施釉不均匀，有垂釉现象。

辛祥，卒于北魏孝明帝神龟元年（518年）洛阳永年里宅，年五十五岁。于神龟三年（520年）"迁葬于并州太原郡看山之阳"。墓志称辛祥"弱冠举司州秀，除司空行参军，俄迁主簿，后转冀州征东赵王功曹参军事，未之官，超补并州太傅属"，至"荆、郢内属（入魏）"，举为"郢州龙骧长史义阳太守"，最后官为"华州征房安定王长史"。于魏孝庄帝永安二年（529年），"追封冠军将军南青州刺史"。

青釉托盏

北魏
高 4.5 厘米，盏口径 9.1 厘米，
托口径 15 厘米
1972 年山西省太原市辛祥墓出土

盏口部微敛，直腹，小饼足，内外
均施青釉，釉不及底。下承一托，
敞口，浅腹，施半釉。青釉晶莹，
有细碎冰裂纹开片。

黄釉贴塑莲瓣纹盖尊

北齐太宁二年（562 年）
高 40 厘米，口径 11.2 厘米
1973 年山西省寿阳县贾家庄库狄回
洛墓出土

侈口，粗颈，溜肩，曲腹，平底。盖作
僧帽形，直边锯齿状，宝珠形圆纽。
全器贴塑装饰，盖外沿贴四圆形花
纹，腹部莲瓣、宝相花、圆形花纹及
半圆花边纹饰。黄白胎体，胎质较
细。器表施黄釉，施釉均匀，釉面光
亮，有细小开片。

库狄回洛为"朔州部落人"，曾任"六
州诸军事"，初"以军勋补都督，除
后将军，太中大夫母（毋）极县开国
子，食邑四百户"，大宁二年二月薨
于邺。

青釉龙柄鸡首壶

北齐天统三年（567 年）
高 37.5 厘米，口径 9.8 厘米，
底径 10.6 厘米
1973 年山西省祁县白圭镇韩裔墓
出土

盘口，长颈，平折凸肩，鼓腹，下腹
曲收，平底。肩一侧塑双龙首直柄，
龙首低垂，张口衔盘；一侧贴附一
鸡首，引领高冠，左右两侧各置两
个方形系。上腹雕饰八瓣覆莲。施
青釉，釉面光亮，釉层不均，有细
碎开片。底部有三个支烧痕。

韩裔，《北齐书》中提及不多，但
从墓志来看韩裔在东魏元象元年
（538 年）到北齐天统三年（567
年）十次晋升，地位越来越高，是北
齐显贵。

青绿釉划花莲瓣纹盖罐

北齐武平元年（570年）

高26.5厘米，腹径22厘米，底径11厘米

1981年山西省太原市王郭村娄睿墓出土

宝珠形纽盖，圆唇外侈，短曲颈，鼓腹，平底。通体施青釉，釉色不均，光泽晶莹，有冰裂纹。盖及肩部划花莲瓣纹。

青绿釉贴塑莲瓣纹长柄灯

北齐武平元年（570 年）
高 45.5 厘米，盏径 17 厘米，
底径 19.5 厘米
1981 年山西省太原市王郭村
娄睿墓出土

灯盏底附尖榫，与柄榫卯扣合。座、柄相连。施青绿釉，釉色晶莹，有冰裂纹。通体集贴花、刻花浮雕等多样技法，饰联珠、仰覆莲瓣、忍冬、宝珠、月牙等纹样，繁复华丽。

娄睿字佛仁，鲜卑人，本姓匹娄，其父娄拔，官至魏南部尚书。娄睿自幼孤，由叔父娄昭养育，其姑为高欢嫡妻。娄睿其人，纵情财色，聚敛无厌，滥杀人。屡次遭弹，但以外戚贵幸，又屡次升迁。武平元年（570年）娄睿薨，赐大司马。

青釉贴塑兽面纹龙柄鸡首壶

北齐武平元年（570 年）
高 50.5 厘米，口径 11 厘米，
底径 13 厘米
1981 年山西省太原市王郭村娄睿墓
出土

盘口微侈，细长颈，平折凸肩，鼓腹，
下腹曲收，平底。肩一侧双泥条曲
柄，柄端塑龙首衔于盘口，另一侧肩
部置一直颈高冠鸡首，左右两侧对
称两个方形系，两系间有一桥形纽。
肩、腹部贴饰莲瓣纹，莲瓣纹上贴塑
兽首、垂莲、忍冬、凤鸟。胎呈黄白
色，质较坚。通体施黄绿釉，有冰裂
纹，釉面光亮。

青釉贴塑宝相花龙柄鸡首壶

北齐武平元年（570 年）
高 48 厘米，口径 11 厘米，
腹径 21.8 厘米
1981 年山西省太原市王郭村娄睿墓
出土

盘口微侈，龙首衔于盘口，龙颈接
腹，细高颈，鼓腹，与龙柄相对处有
一鸡首。两旁各有三纽，中间纽下贴
宝相花一朵；龙柄鸡首及六纽下各贴
一束忍冬。腹部有棱，下贴四只展翅
凤鸟。通体青釉，有冰裂纹，浅黄色
胎，质略粗。

黄绿釉贴塑兽面纹盖尊

北齐武平元年（570 年）

高 34.2 厘米，口径 15 厘米，底径 18.6 厘米

1981 年山西省太原市王郭村娄睿墓出土

盖斜壁，宝珠形纽，纽下贴塑莲花一朵，盖壁上刻划一周莲瓣。尊侈口，束颈，圆肩，曲腹，撇足，平底。颈部一周凸棱将颈部分成上下两部分，上部贴塑三个团龙纹，下部为狮首。肩部贴塑莲花，莲花间贴衔环兽首。

黄绿釉龙柄鸡首壶

北齐
高 45.3 厘米，口径 10.3 厘米，
底径 10.8 厘米
1956 年山西省太原市小井峪出土

盘口，束颈，上腹圆鼓，下腹内收，至
底外撇，平底。肩部置方形系一对，
龙柄和鸡首各置一侧。鸡首有冠，口
紧闭，喙下弯；扁宽龙柄，下接肩部，
上接盘口，龙首饰双角和鬃毛，长吻
紧衔盘沿。颈部划弦纹三周，肩部划
弦纹一周。器身施黄绿色釉，有流釉
现象，器底无釉，有支烧痕迹。

青釉印花胡人驯狮纹扁壶

北齐
高 28 厘米，口径 5.5 厘米，
腹宽 16.5 厘米，腹厚 9.2 厘米，
圈足长 10 厘米，圈足宽 8 厘米
1957 年山西省太原市玉门沟出土

椭圆形口，短束颈，梨形腹，腹部扁
平，高圈足。正背面模印相同纹饰，呈
浅浮雕状。腹壁正中站立一胡人，左
手持物，身前两侧蹲坐两只狮子，狮
子扭首向前。壶壁两侧模印象首，长
鼻垂于底部。联珠纹边框。口部、足
壁饰联珠莲瓣纹。

扁壶器身的联珠条带纹是萨珊波斯人
所喜爱的图案装饰。主题纹饰上的舞
狮形象源于西凉的"假面戏"，描绘了
手持拂子的假面胡人舞狮的情景。

青釉四系罐

隋

高 26 厘米，口径 11 厘米，腹径 24.5 厘米，底径 11 厘米
1958 年山西省太原市金胜村出土

直口，短颈，长圆腹，平底，饼足，肩部均匀地分布四个双
泥条系。器身中部有一周凸棱。施深绿色釉。

白釉高足杯

隋
高 7.1 厘米，口径 7.7 厘米，底径 3.8 厘米
1980 年山西省太原市沙沟村斛律彻墓出土

侈口，斜壁深腹，下壁曲收，喇叭形小高足，足沿微翘，底内凹。胎色白，质细腻。内施满釉，外施釉至足沿，釉色白中闪青绿，釉面光亮，有舒朗的开片。是邢窑早期佳品。

斛律氏，属朔州高车斛律部，与怀朔镇集团密切相关，是东魏北齐政权的支柱。斛律彻，生于北齐武成帝河清二年（563年），卒于隋文帝开皇十五年（595年），斛律光之孙，斛律武都之子。建德六年（577年），袭祖崇国公。开皇十年（590年），授加右车骑将军。

青釉四系罐

隋
高 18 厘米，口径 6.9 厘米，底径 6.8 厘米
1954 年山西省太原市热电厂董茹庄唐墓出土

直口，短颈，圆肩，深腹圆鼓，饼足，肩附四个泥条系。内外施青釉，外壁半釉。胎呈白色，质地坚致。

青釉双系罐

唐
高 21.3 厘米，口径 8.8 厘米，底径 8.4 厘米
1955 年山西省潞城县征集

唇口微外侈，短曲颈，丰肩，下渐收，饼足，肩部竖置一对双泥条系。器内外施青釉，
外壁施半釉，釉层稀薄光亮，有流釉，釉面开细碎纹片。

白釉双龙柄盘口瓶

唐
高 38 厘米，口径 7.9 厘米，
底径 9.7 厘米
1953 年山西省太原市文物馆拨交

盘口外撇、束颈、丰肩、曲腹、平底外
撇。肩两侧置泥条柄，柄端塑龙头衔
壶口。胎质细腻，施白色化妆土，外
罩透明釉，釉色泛黄，有细小开片，
腹部以下不施釉。

双龙柄瓶流行于初唐，盛唐时期是
受西方，特别是萨珊波斯同式瓶的影
响，其祖型可溯自阿契美尼德朝的安
弗拉式瓶。

白釉执壶

唐

高 18.6 厘米，口径 9.2 厘米，腹径 12 厘米

1960 年山西省太原市磷肥厂出土

喇叭口，束颈，丰肩，腹略鼓，饼足，平底微微内凹。肩部一侧贴塑一双股泥条柄，对称一侧贴塑一圆管短流。胎色洁白，胎质细腻。执壶内外均施透明釉，足底不施釉，釉面光润，有冰裂开片，积釉处略闪青。邢窑烧造。

白釉人首执壶

唐
高 31.2 厘米，口径 5~9.8 厘米，
底径 7.7 厘米
1956 年山西省太原市石庄头出土

卷叶形口，束颈，橄榄形腹，高足，
壶腹一侧贴饰花叶茎秆，另一侧置一
宽带形长柄，柄与壶口相接处堆塑人
首。通体施白釉，釉色泛灰。

与之造型相近的是一件内蒙古敖汉
旗李家营子出土的银质胡瓶，被认为
是粟特舶来品。太原市石庄头出土的
人首执壶应是此类胡瓶在中国境内
的新发展，这反映出外来器物与中国
本土文化的融合。

白釉盘口唾盂

唐

高 9.6 厘米，口径 7.3 厘米，底径 8.5 厘米

1953 年山西省太原市文物馆移交

盘口，短颈，扁圆腹，饼足。器身施白釉，釉面有细碎开片。底不施釉，白胎色。邢窑烧造。

白釉唾盂

唐
高 10 厘米，口径 15 厘米，底径 5.2 厘米
1956 年山西省太原市磷肥厂 M24 出土

上为一敞口浅盏，下为圆腹盂。上、下一小口相连，浅圈足。胎色洁白，胎质细腻。
器身通体施透明釉，积釉处微闪青。邢窑烧造。

白釉绿彩唾盂

唐

高 10.3 厘米，口径 12 厘米，底径 8.7 厘米

1960 年陕西省博物馆调拨

广口下收，细颈，圆腹，玉环底。粉白胎，质疏松。器身施白釉，内外装饰有绿彩，底不施釉。巩县窑烧造。

白釉碗

唐

高 4.5 厘米，口径 14 厘米，底径 4.5 厘米

1956 年山西省太原市磷肥厂出土

圆唇，敞口，斜壁，玉璧形底。器身施白釉，下腹及底不施釉，白胎坚致。邢窑烧造。

绞胎三足碟

唐

高 2.8 厘米，口径 12.5 厘米

1959 年上海博物馆调拨

平折沿，浅腹，下有三足。用白、褐两种胎泥混合装饰，外罩透明釉。盘心为不规则的团花图案，沿饰条纹。黄冶窑烧造。

"绞胎"是唐代陶瓷业中的一个新工艺，即用白褐两种颜色瓷土相间糅和在一起，然后拉坯成型，胎上即具有白褐相间的类似木纹的纹理。这种纹理变化多端，上釉焙烧即成绞胎瓷器。

青釉盒

唐

高 3.9 厘米，口径 7.2 厘米，底径 8.2 厘米

1962 年山西省太原市征集

盖顶微鼓，边缘刻弦纹一周，子母口。盒壁竖直，平底，施青釉，釉色泛黄。盖沿、
盒内及底部无釉，灰胎，胎质较细。越窑烧造。

白釉盒

唐

高 4 厘米，口径 5.5 厘米，底径 7 厘米

1960 年陕西省博物馆调拨

盖顶微鼓，上下子母口扣合，直壁，腹下折内收，平底。里外施白釉，白胎坚致。
邢窑烧造。

青釉盒

唐

高 6 厘米，口径 9.5 厘米，底径 6 厘米，

旧藏

盖顶略鼓，上下子母口扣合，直壁，腹下折内收，平底。器表施青釉，下腹部至底不施釉，釉色泛黄。

绞胎枕

唐
高 7.5 厘米，长 13.6 厘米，宽 8.2 厘米
1993 年山西省朔州市西站 M5 出土

枕为圆角长方形，系先用白褐二色泥料制成绞泥片，再拼接而成。绞胎纹理为云气纹，底部为白色泥料。罩透明釉，釉色泛黄。底无釉，中间留有一个烧造时用来通气的小孔。黄冶窑烧造。

三彩绞胎枕

唐
高 5.4 厘米，长 11.1 厘米，
宽 9.4 厘米
1979 年山西省太原市郊区出土

枕近方形，白褐二色泥料绞胎装饰，
外罩透明釉。器身装饰有条纹状三
彩。底部边缘留有一个烧造时用来通
气的小孔。黄冶窑烧造。

青釉刻花五管瓶

北宋
高 39.2 厘米，口径 7.5 厘米，
底径 9 厘米
1959 年上海博物馆调拨

宝瓶纽，荷叶形盖，瓶直口，肩至上
腹分四级，由下而上逐级向内收敛至
口。每级以竖状篦划纹装饰，肩部置
五个棱状管，腹下部刻缠枝花纹。施
青釉，釉色青黄，底不施釉，白胎，足
外撇。龙泉窑烧造。

多管瓶是宋代流行的丧葬明器，以
五管常见，此外还有四、六、七、十、
十五管等种类。

青釉刻花花叶纹瓶

北宋

高 21 厘米，口径 8.6 厘米，底径 7.2 厘米

1960 年山西省太原市征集

盂口，喇叭形颈，丰肩，圆腹，圈足外撇。腹部用直线分为六个装饰区，每个区域内
刻一变体花叶纹，内填篦纹，胎质灰白，施青釉，釉层较薄，足底无釉。龙泉窑烧造。

白釉执壶

北宋

高 28.4 厘米，口径 6 厘米，底径 6.6 厘米

1985 年乔庆元先生捐献

直口，长颈，曲流，长扁形带状执手，丰肩，腹斜直，圈足外撇。黄胎较疏松，除足部外均施白釉。器身由于拉坯形成数圈凹棱。

白釉瓜棱执壶

北宋

高 24.7 厘米，口径 12.6 厘米，底径 8 厘米

1954 年山西省太原市征集

撇口，长颈，瓜棱腹，圈足，肩一侧附有长扁形带状执手，另一侧附长曲流。胎体不甚致密，胎色白中泛黄，器身及口沿内先施一层白色化妆土，而后再施一层透明釉，釉色微泛黄，器身施釉不及底。

白釉镂空熏炉

北宋
高 11.6 厘米，口径 6.1 厘米，底径 4.4 厘米
1958 年山西省太原市金胜村出土

炉由两部分组成，下部为一高足碗，上部为深弧形盖，盖面镂空，上下子母口相合。
通体施白釉，釉色纯正，胎体洁白细腻，镂刻细致，晶莹剔透。介休窑烧造的佳品。

白釉折沿炉

北宋
高 9.5 厘米，口径 3.7 厘米，
底径 4.5 厘米
1953 年山西省太原市万柏林出土

宽沿，筒腹，喇叭形高圈足。白胎，质较细。透明釉微闪黄，釉面光亮，有细碎开片。介休窑烧造。

此类炉常被认作"灯"。但从河南巩义米河半个店出土的北宋石棺线刻孝子图、山西沁水县宋墓雕砖、北宋赵光辅《番王礼佛图》中一位供养人手捧之炉等来看，其功用应为炉。

白釉折沿炉

北宋
高 7.3 厘米，口径 4.2 厘米，
底径 5.9 厘米
1980 年山西省太原市白家庄出土

宽沿下翻，上小下阔斜筒腹，喇叭状足。足缘斜削一周，足底内凹。胎体较粗，胎色白中泛黄，器身先施一层白色化妆土，而后再施釉，釉色泛黄。足底及炉内未施化妆土与釉。

白釉折沿炉

北宋
高 11.7 厘米，口径 8 厘米，
底径 10.2 厘米
1953 年山西省太原市万柏林出土

平沿下斜，筒腹，阶梯形高圈足，胎质洁白。施白釉，内腹、圈足内不施釉，釉质较好，色呈象牙白。介休窑烧造。

白釉折沿炉

北宋
高 9 厘米，口径 3.6 厘米，
底径 5.1 厘米
1954 年袁士香先生捐献

宽斜沿，直壁筒形腹，喇叭状长足。器身修长，足底内凹。器身施白釉，底足露胎，白胎坚致。

黑釉盏

北宋

高 5.2 厘米，口径 13 厘米，底径 4.2 厘米

1980 年山西省太原市红沟砖厂出土

唇口外卷，斜直腹，圈足。胎体较细，胎色白中泛黄。器身及
圈足内施黑釉，釉色乌黑光亮。圈足未施釉。介休窑烧造。

黑釉碗

北宋

高 5.3 厘米，口径 12.4 厘米，底径 4 厘米

1956 年山西省太原市 785 厂 M38 出土

敞口，弧壁，小圈足。胎质较细，胎色灰白，碗内外施黑釉，圈足内外未施釉。釉面光亮。

黑釉花口碗

北宋

高 8 厘米，口径 19.5 厘米，
底径 5.7 厘米

1954 年山西省榆次猫儿岭出土

六曲花口，弧壁，圈足。底足露胎，胎
体较为致密，胎色白中泛黄，器身施
黑釉，釉色乌黑光亮。介休窑烧造。

白釉高足杯

北宋

高 9.5 厘米，口径 8.8 厘米，底径 3.8 厘米

2000 年山西省保德县公安局移交

敞口，弧腹，高圈足。施白釉，露胎处呈白色，
胎体坚硬。

白釉花口折腰盘

北宋
高 4.5 厘米，口径 17 厘米，底径 5.2 厘米
1981 年山西省太原市征集

撇口，斜直腹下折，圈足稍高。盘身呈六瓣花状，白胎。胎体薄而坚致。器身通体施白釉，釉色润泽光亮。

青釉刻花牡丹纹碗

北宋

高 8.2 厘米，口径 20.5 厘米，底径 5 厘米

1987 年山西省河曲县五花城村出土

敞口，斜直腹略弧，圈足。通体施青釉，圈足内施薄
釉，微泛火石红，足底一圈刮釉，有支烧痕迹。碗内
壁划弦纹一周，内刻划折枝牡丹纹，外壁上部饰弦纹
一周。耀州窑烧造。

青釉印花折枝花卉纹碗

北宋

高 4 厘米，口径 18.2 厘米，底径 5.4 厘米

1972 年山西省稷山县小费村出土

撇口，斜腹，小圈足，足墙稍外撇。胎质细腻，胎色灰白，施青
釉。碗内壁印折枝花纹。耀州窑烧造。

青釉刻划花牡丹纹盘

北宋
高 4.3 厘米，口径 18.2 厘米，底径 6 厘米
1982 年山西省兴县城关出土

折沿，腹部渐收，小圈足。施青釉，釉色青绿。圈足内施薄釉，
微泛火石红。外壁口沿下有弦纹一周。盘内刻折枝牡丹纹，篦划
纹描绘花瓣及叶子脉络。耀州窑烧造。

青釉印花双鹤纹碗

北宋

高 7.3 厘米，口径 20.7 厘米，底径 5.4 厘米

1972 年山西省稷山县小费村出土

侈口，斜弧腹，小圈足。施青釉，釉层光亮，有细小棕眼和开片。碗内
印有双鹤纹，一鹤口衔仙草，另一鹤口衔经卷。耀州窑烧造。

青白釉刻花婴戏纹碗

北宋
高 7.3 厘米，口径 20.2 厘米，底径 6 厘米
1959 年上海博物馆调拨

敞口，斜腹，圈足内敛，器身施青白釉，底足露胎处呈火石红。碗内刻婴
戏纹，两顽童分立碗内壁两侧，周身浪花翻腾，画面颇为生动。

青白釉刻花牡丹纹碗

北宋

高 4.2 厘米，口径 15.4 厘米，底径 4.6 厘米

1959 年上海博物馆调拨

六曲花口，腹部内折，矮圈足内敛。施青白釉，圈足内不施釉，胎体
洁白，底足露胎处泛火石红。盘内刻牡丹纹，以篦划线勾勒花瓣和
叶子的脉络。

青白釉刻花花卉纹花口盘

北宋

高 4 厘米，口径 15.9 厘米，底径 4.7 厘米

1960 年北京市征集

敞口，浅弧腹，矮圈足。胎体洁白，细腻坚致。施青白釉，圈足不施釉。口部作六瓣花口状。内壁对应花口压六条凹线，盘心刻花卉纹。湖田窑烧造。

白釉划花菊瓣纹盘

北宋

高 4 厘米，口径 18.8 厘米，底径 6.5 厘米

1956 年山西省太原市 785 厂 M62 出土

敞口，弧壁，圈足。器身施白釉，釉色泛黄，底足露胎。盘内划花菊瓣纹，盘缘饰卷云纹。内底有三个支钉痕。介休窑烧造。

白釉花口碟

北宋
高 0.9 厘米，口径 9.2 厘米，底径 6.6 厘米
1961 年山西省太原市征集

六瓣花口，斜直壁，平底。胎白，胎质较细。通体施白釉，釉色洁白。盘内壁划
六条直线，外底有三个支钉痕。

白釉刻花菊瓣纹盒

北宋
高 6.5 厘米，口径 13 厘米，底径 7.3 厘米
2001 年山西省太原市征集

盖直壁，顶面隆起，四周呈斜坡状。子母口扣合。口沿无釉，体直壁、浅腹、近底处内折，平底。胎白且纯净，胎质坚致细腻。釉色白而匀净。盖顶刻菊花纹。斜坡处饰一周蕉叶纹，蕉叶纹之间填饰花瓣。定窑烧造。

白釉盒

北宋

高 6.1 厘米，口径 4.9 厘米，底径 3.2 厘米

1956 年山西省太原市 785 厂 M42 出土

盖面隆起，平顶，子母口扣合，盒壁竖直，下腹折收，隐圈足，挖足较浅。白胎微泛黄，胎质较细。施白釉，釉色白中闪青，釉层较亮。盖沿、子口一周及底部无釉。盖顶部有拉坯时形成的细线纹。介休窑烧造。

白釉盒

北宋

高 6.8 厘米，口径 3.1 厘米，底径 3.6 厘米

旧藏

盖面隆起，子母口扣合，平顶。盒壁竖直，下腹折收，隐圈足，挖足较浅。浅黄白胎，胎质较细。施白釉，釉色白中闪青，釉层较亮。介休窑烧造。

白釉盒

北宋
高 7 厘米，口径 7.4 厘米，底径 3.8 厘米
1953 年山西省太原市剪子湾出土

弧顶，子母口扣合。盒壁竖直，下腹折收，隐圈足，挖足较浅。浅黄白胎。施白釉，釉色白而光亮。盖沿、子口一周及底部无釉。介休窑烧造。

白釉划花卷草纹盒

北宋

高 9.9 厘米，口径 10.3 厘米，底径 6.2 厘米

1958 年山西省太原市玻璃厂出土

盒体为子口，直壁，圈足。盖面隆起，盖顶中心划六瓣花，周边一组"S"形卷叶纹，花纹空白处戳印珍珠地。灰胎，胎质较细。施白色化妆土，罩透明釉。

白釉盒

北宋

高 19 厘米，口径 17 厘米

旧藏

盖折沿，顶部隆起，中心有宝珠纽。盒直壁，下腹折收，圈足。器身施白釉，
盒内，盖内及底不施釉，胎白坚致。

白釉盖罐

北宋

高 9.5 厘米，口径 6.9 厘米，底径 4.7 厘米

1958 年征集

直口，折肩，鼓腹，下腹渐收，圈足。盖平顶，瓜蒂纽，直壁，下接子口。胎色纯白，胎质较为细腻。盖面和器身施白釉，釉色微泛黄，釉面光亮。足底一圈刮釉，圈足内有釉斑。

黑釉折沿炉

北宋
高 11.4 厘米，口径 5.3 厘米，底径 7.7 厘米
1956 年山西省太原市 785 厂 M65 出土

宽平折沿，边缘下垂。筒形腹，下部出一周凸棱。喇叭形台阶状高足。胎体坚硬，胎
色白中泛黄。满施黑釉，釉面乌黑光亮。

青釉双系瓶

南宋
高 12.5 厘米，口径 3.2 厘米，
底径 5.1 厘米
1951 年山西省太原市征集

敞口，斜直颈，颈肩之间附一对管状
系，橄榄形腹，隐圈足。器身施青釉，
釉色青灰，釉面光洁，足底未施釉，呈
红褐色，胎质坚硬。龙泉窑烧造。

青釉贯耳瓶

南宋

高 14.8 厘米，口径 3.4 厘米，底径 5.4 厘米

1958 年上海博物馆调拨

圆唇，直长颈，颈上端附两个管状贯耳。腹部圆鼓。通体施青釉，釉面光洁滋润，有开片。圈足内收，足端可见修整痕迹，未施釉，呈灰色，胎质坚硬。龙泉窑烧造。

青釉刻花莲瓣纹碗

南宋
高 4.9 厘米，口径 11.5 厘米，底径 3.7 厘米
1958 年上海博物馆调拨

侈口，弧腹，小圈足。施青釉，釉色发黄，釉面较亮，有开片。圈足内不施釉，胎色呈红褐色。碗外壁刻一周莲瓣纹。龙泉窑烧造。

青釉刻花莲瓣纹碗

南宋
高 5.4 厘米，口径 11.4 厘米，底径 3.3 厘米
1961 年郭义先生捐献

敞口，弧壁，小圈足微内敛，外底中心有脐点。器身施青釉，足底刷一
周红褐色护胎釉。碗外壁刻一周莲瓣纹。龙泉窑烧造。

黑釉"供御"铭兔毫盏

南宋
高 6 厘米，口径 12.6 厘米，底径 3.8 厘米
2008 年山西省大同市怀仁县出土

敞口，斜壁，深腹，浅圈足。胎体厚实、坚致，色呈浅黑。施黑釉，因窑变形成
有细密的兔毫纹。底部刻有"供御"字样。建窑烧造。

酱釉金釦兔毫盏

南宋
高5厘米，口径10.1厘米，底径3.3厘米
2008年山西省大同市怀仁县出土

敞口，弧壁，浅圈足。器口包金，底足刷有酱色护胎釉。碗壁密布黑色兔毫纹。建窑烧造。

黑釉兔毫碗

南宋

高 7 厘米，口径 16.8 厘米，底径 5.5 厘米

2008 年山西省大同市怀仁县出土

撇口，弧壁，浅圈足。内外施黑釉，口沿颜色较浅，往下颜色渐深。器身呈现窑变兔毫状，底有流釉现象，圈足露胎，刷酱色护胎釉。

黑釉兔毫盏

南宋

高 3.5 厘米，口径 10.2 厘米，底径 3.4 厘米

旧藏

撇口，口沿以下渐收，浅圈足。内外施黑釉，盏心有丝状兔毫纹，口沿釉薄色浅呈褐色，向下渐深至黑，釉不及底，圈足露胎，胎呈深褐色。建窑烧造。

黑釉兔毫盏

南宋
高 6 厘米，口径 13.2 厘米，底径 4 厘米
2008 年山西省大同市怀仁县城出土

撇口，斜壁，浅圈足。施黑釉，壁上部釉呈丝状兔毫
纹，釉不及底，圈足露胎，刷酱色护胎釉。

玳瑁釉剪纸漏花盏

南宋

高 5.6 厘米，口径 11.4 厘米，底径 3.5 厘米

1959 年上海博物馆调拨

敞口，弧腹，卧足。施窑变釉，釉面光亮。胎色偏白。碗外壁施玳瑁釉，碗内
壁有三朵剪纸漏花装饰。吉州窑烧造。

玳瑁釉盏

南宋
高 4.3 厘米，口径 10.2 厘米，底径 3.6 厘米
1960 年北京市征集

敞口，弧腹，宽圈足。施窑变釉，釉施至下腹部。釉面光亮。胎色偏白。
器身呈现为玳瑁装饰。

青釉折腰碗

南宋
高 4.1 厘米，口径 11 厘米，底径 5.4 厘米
1958 年上海博物馆调拨

敞口，斜直腹，下腹斜折，圈足，足端较窄。白胎，施青釉，釉面光洁莹润，露胎处呈酱红褐色。通体有开片。龙泉窑烧造。

青釉洗

南宋
高 3.5 厘米，口径 12.3 厘米，底径 7 厘米
1961 年山西省太原市征集

敞口，斜直腹，近底处内折，浅圈足，足底刷护胎釉。施青釉，釉色灰中泛青。
为龙泉窑制品。

青釉錾耳杯

南宋

高 5.2 厘米，口径 10 厘米，底径 6.9 厘米

1958 年上海博物馆调拨

芒口，弧壁，圈足，口沿外侧下方贴塑一錾，錾下有一环柄。通体施青釉，有细密小开片。黄胎，质地疏松。

青釉筒式三足炉

南宋
高 7.5 厘米，口径 8.6 厘米，底径 7.8 厘米
旧藏

直口，筒腹，平底，底接三蹄足，足上饰如意云纹。炉底有三圆形支烧痕。内外施青釉，釉色淡雅。腹部以四道弦纹均匀分隔，器型素雅清丽。

白釉印花执壶

金

高 12.9 厘米，口径 4.1 厘米，底径 5.8 厘米

1960 年山西大同市大王庄出土

斜折沿小盖。侈口，直颈，圆折肩，斜直壁，隐圈足。扁条形执柄，压印卷云纹，短流。肩部有两周弦纹。胎色洁白，胎质细腻。满釉，釉色白中闪黄，釉层光亮。积釉处可见细密的小气泡。

黑釉剔花卷叶纹梅瓶

金

高 29 厘米，口径 3.8 厘米，
底径 7.3 厘米

1956 年山西省天镇县夏家沟金代
遗址出土

小口，丰肩，上腹略鼓，下腹内敛，
隐圈足。土黄色胎，胎质较粗，器身
施黑釉，肩部刮釉一圈，圈足内亦施
釉，足底一圈无釉。上腹部剔划宽大
的卷叶纹一周，卷叶纹上下各划弦纹
两道。大同窑场烧造。

黑釉剔花卷草纹小口罎

金
高 24 厘米，口径 5.4 厘米，
底径 13.4 厘米
1956 年山西省天镇县夏家沟金代
遗址出土

小口，广肩，鼓腹，底部内凹形成
圈足，白胎略泛黄。器身通体施黑
釉，釉色乌黑发亮。圈足内刮釉形
成符号"十"。肩部剔花瓣纹和卷
叶纹，腹部剔卷草纹，叶片舒展自
然。大同窑场烧造。

黑釉划花莲池游鱼纹梅瓶

金
高 34.3 厘米，口径 4.8 厘米，
腹径 15 厘米
1963 年山西省太原市征集

小口，口沿微向下翻卷，短束颈，丰肩，长腹，至底渐收，隐圈足。胎质较粗，胎色土黄，通体施黑釉，足底未施釉。器身使用划釉工艺，上层饰莲池游鱼纹，下层水波纹衬地，开光内划牡丹花纹。

酱釉弦纹梅瓶

金
高 31 厘米，口径 4 厘米，
底径 8.9 厘米
1953 年山西省太原市文物馆拨交

梯形口，溜肩，长弧腹，腹下收，隐圈足。胎黄，施酱釉，釉至足，肩上部刮釉一周。外壁有拉坯时形成的较深的螺旋纹。

黑釉"都酒使司"铭弦纹小口瓶

金

高 43 厘米，腹径 13 厘米，

底径 11 厘米

2003 年山西省大同市怀仁窑遗址采集

小口，溜肩，长曲腹，腹向下渐内收，下腹及底外撇，隐圈足。赭灰色胎，施黑釉，釉层较亮，施釉至足，肩部上半部刮釉。全身有拉坯时形成的较深的螺旋纹，肩部一周划写有"都酒使司"四字铭。怀仁窑烧造。

金代对酒务的管理实行榷酤制，即政府专门管理酒的经营、酿造，严收课税。"都酒使司"是中央酒务管理机构。

黄釉花口瓶，绿釉花口瓶

金
黄釉瓶：高 34 厘米，口径 14.4 厘米，
底径 13.5 厘米
绿釉瓶：高 33.1 厘米，口径 13.5 厘米，
底径 13 厘米
1956 年山西省太原市寨沟砖厂出土

六瓣翘沿花口，口部作喇叭状外撇，
束颈，圆肩，斜曲腹，喇叭形高足。浅
黄白色胎，质稍粗。釉面较光亮，密
布细碎开片。

这种花口瓶用于插花，成对供养，或
者单独专赏，均成趣味。陕西省甘泉
县金明昌七年（1196年）墓壁画中的
女供养人双手托方盘，盘中就是与实
物相同的花瓶，瓶旁放置一件香炉。

绞釉玉壶春瓶

金

高 18 厘米，口径 5.7 厘米，腹径 10.1 厘米，底径 6.4 厘米

1993 年山西省朔州市曹沙会村 M1 出土

小撇口，细长颈，圆鼓腹，圈足。胎质略粗，胎色土黄。肩部和上腹部施棕色化妆土，之后将流动性较强的白色化妆土按一定的规律施于其上，使之随意流淌形成纹饰，最后施透明釉，圈足内外不施釉。

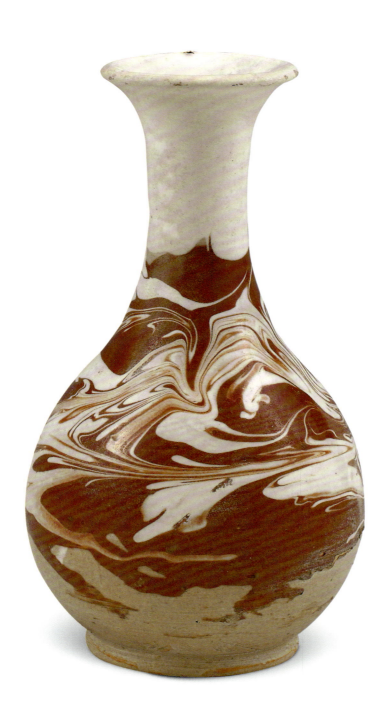

白釉红绿彩花卉纹瓶

金

高 16 厘米，口径 5 厘米，底径 6 厘米

1957 年山西省太原市征集

撇口，长直颈，丰肩，肩下内敛，假圈足。施白色化妆土，腹部饰红绿彩树木和花卉。

黑釉酱斑长颈瓶

金

左：高 7.9 厘米，口径 2.6 厘米，底径 2.8 厘米

右：高 7 厘米，口径 2.7 厘米，底径 2.5 厘米

1957 年山西省太原市工学院出土

侈口，长颈，垂腹，圈足，足心有小乳突。浅黄白色胎，较细。黑釉光亮，施釉至下腹。器身饰有不规则的铁锈红斑。

白釉黑彩罐

金

高 19.8 厘米，口径 15.1 厘米，底径 9.7 厘米

1953 年山西省太原市文物馆移交

敛口，斜折沿，溜肩，圆腹下收，圈足。施白色化妆土，罩透明釉，腹部黑彩绘缠枝花纹。下腹部露胎，胎呈土黄色。

黑釉罐

金

高 9.5 厘米，口径 7.4 厘米，底径 5.5 厘米

1958 年山西省太原市征集

唇口，卷沿，圆鼓腹，浅圈足，足缘较宽。器身施黑釉，釉色光亮，底不施釉，
露胎处呈白色。

黑釉罐

金

高 10.3 厘米，口径 8 厘米，底径 5 厘米

1980 年山西省太原市 743 厂出土

唇口外侈，短颈，丰肩，下腹内敛，平底内凹呈圈足状。器身施黑釉，釉乌黑光亮，底足不施釉，露胎处呈白色，胎质坚致。

酱釉跳刀纹罐

金

高 9 厘米，口径 6.9 厘米，底径 5.5 厘米

旧藏

直口微内收，短直颈，鼓腹，圈足。胎白，质粗松。器内外均施酱釉，
罐身装饰跳刀纹。

茶叶末釉划花卷草纹罐

金
高 28.8 厘米，口径 18 厘米，底径 13.2 厘米
旧藏

唇口，溜肩，鼓腹，圈足。胎色土黄，器身通体施茶叶末釉。肩部划卷草纹一周，线条简洁粗犷。怀仁窑烧造。

白釉红绿彩文字盖钵

金

高 11.1 厘米，口径 11.8 厘米，底径 5.9 厘米

1958 年山西省太原市金胜村出土

拱形平折沿子口盖。敛口，直腹，下腹斜折，圈足。黄白胎，质较细。白釉泛黄，釉面有小开片。内壁满釉，外壁施釉不及底。盖钵施红绿彩装饰。盖面中部彩绘折枝牡丹，边缘四组绿彩点饰。钵外壁上下各一道红彩弦纹，中间一周四个近圆形黄彩开光，逆时针方向红彩书写"道德清净"四字，开光两侧勾以绿彩，开光间红彩绘螺旋纹。

白釉盖钵

金

高 11.5 厘米，口径 12.3 厘米，底径 5.9 厘米

1986 年钱自在先生捐献

敞口，深腹，圈足。盖拱顶，瓜蒂纽，钵内外施白釉，釉色泛黄，较均匀。
胎中黑点杂质明显，圈足无釉。

白釉盖钵

金

高 9 厘米，口径 10.3 厘米，底径 4.6 厘米

1972 年山西省稷山县小费村出土

钵口微敛，弧腹，圈足。盖平折沿，子口，盖面隆起，瓜蒂纽。胎色纯白，略显生烧。
通体施白釉，盖内及圈足不施釉，钵内底刮釉一圈。

白釉菊瓣纹钵

金
高 8 厘米，口径 11.3 厘米，底径 5.8 厘米
1986 年钱自在先生捐献

直口，直壁，下腹微弧圆折，矮圈足。器身饰有菊瓣纹，施白釉，釉色泛黄。

白釉印花钵

金
高 8.3 厘米，口径 10.2 厘米，底径 6.2 厘米
1957 年山西省太原市小井峪出土

直口，直壁微弧、下腹圆折，矮圈足。浅黄色白胎，胎质较粗。施白色化妆土，外罩透明釉。口及足部一周刮釉。口及折腹处各有一周凹弦纹，钵外壁印毬纹。

青釉钵

金

高 4.9 厘米，口径 8 厘米，底径 3.6 厘米

1962 年甘肃省兰州市征集

敛口，鼓腹，圈足，足壁不施釉。器身施青釉，釉色微泛黄，匀净温润。

白釉红绿彩折枝花卉纹碗

金
高 3.3 厘米，口径 8.5 厘米，底径 3 厘米
1954 年山西省榆次市猫儿岭出土

敛口，斜弧腹，下腹曲收，矮而小的圈足。赭黄色胎，质较粗。施白釉，略泛黄，施釉至足，釉面有细碎开片。内壁绘双圈弦纹，内心为折枝菊花，红花绿叶。长治八义窑烧造。

白釉红绿彩清字碗

金
高 5.5 厘米，口径 17.8 厘米
1959 年山西省侯马市出土

敞口，弧腹，小圈足，足端平齐，圈足及碗心有五个支钉痕，土黄色胎，碗内外施白色
化妆土，罩透明釉，外釉不及底。碗内口唇下绘粗、细红彩弦纹带，红彩带上点饰黄
彩。碗心红彩书"清"字，以绿彩、黄彩填充。长治八义窑烧造。

青釉刻花双鸭水波纹碗

金

高 4.2 厘米，口径 18.1 厘米，底径 5.5 厘米

1987 年山西省河曲县五花城村出土

撇口，浅腹，圈足。胎质细腻，胎色灰白，通体施略泛黄的暗绿色釉，圈足内亦施釉，足底一圈刮釉，刮釉处呈火石红色。碗内壁用篦划线刻划水波纹，中心饰双鸭。碗外壁上部划弦纹一道，弦纹下刻有疏朗的草叶纹。耀州窑烧造。

青釉斗笠碗

金
高 4 厘米，口径 10.7 厘米，
底径 3.2 厘米
1962 年山西省太原市征集

唇口外卷，斜直腹，小圈足。器身施青釉，釉色灰青。足底未施釉，有粘砂，
露胎泛火石红。耀州窑烧造。

青釉斗笠碗

金
高 5.7 厘米，口径 11.8 厘米，底径 3.2 厘米
1962 年甘肃省兰州市征集

敞口，斜直壁，小圈足。器身施青釉，釉色微微泛黄，匀净温润，釉不及底。露胎处呈土黄色。碗内心刻弦纹一周，弦纹内有积釉一圈，色泽翠绿。

青釉印花莲鱼纹碗

金

高 8.1 厘米，口径 20.1 厘米，底径 5.2 厘米

1972 年山西省稷山县小费村出土

敞口，斜直腹，小圈足。通体施青釉，胎色灰白，碗心席纹边框内印莲荷游鱼图，整体画面生动活泼。耀州窑烧造。

青釉印花折枝花卉纹碗

金
高 7.2 厘米，口径 20.8 厘米，底径 5.2 厘米
1972 年山西省稷山县小费村出土

敞口，斜腹，小圈足。通体施青釉，釉层光亮。碗内壁口沿下有一周弦纹，碗心印折枝牡丹花纹。耀州窑烧造。

青釉印花落花流水纹碗

金
高 5 厘米，口径 13.5 厘米，底径 4.1 厘米
1970 年山西省保德县出土

敞口，弧壁，小圈足。通体施青釉，釉不及底。胎呈土黄色，有火石红斑。碗外壁近口
处有弦纹一周。碗心印落花流水纹。耀州窑烧造。

青釉印花折枝花卉纹碗

金
高 3.4 厘米，口径 8.4 厘米，底径 3.1 厘米
1973 年山西省兴县蔡家崖出土

敞口，弧壁，圈足。施青釉，釉色温润。外壁饰弦纹一周，碗心印折枝花。
耀州窑烧造。

青釉印花折枝花卉纹碗

金

高 3.5 厘米，口径 8.4 厘米，底径 3.1 厘米

1973 年山西省兴县蔡家崖出土

敞口，弧壁，圈足。施青釉，釉色温润。外壁饰弦纹一周，
碗心印折枝花。耀州窑烧造。

青釉刻花莲花纹碗

金
高 6.8 厘米，口径 19.2 厘米，底径 6 厘米
1960 年北京市征集

敞口，弧腹，小圈足。施青釉，釉不及底，釉色青中泛黄。
腹部及底足露胎处呈灰白色，胎质坚硬。碗心刻莲荷纹。

青釉刻花莲花纹盘

金
高 3.5 厘米，口径 18 厘米，底径 6.5 厘米
1959 年山西省侯马市出土

敞口，浅腹，下腹稍斜折，矮圈足。胎为黄褐色，胎质细腻。通体施青绿釉，釉面光亮。盘内底刻弦纹一周，内刻莲荷纹。外壁斜折处有弦纹一周。耀州窑烧造。

黄釉印花缠枝花卉纹碗

金
高 5.5 厘米，口径 17.5 厘米
1967 年山西省太原市收集

口微侈，弧腹，圈足，挖足过肩。胎呈黄白色，胎质稍粗。通体施浅黄褐色釉，碗心涩圈无釉。内壁印缠枝花，碗心印团花纹。介休窑烧造。

黄釉印花缠枝菊花纹碗

金
高 8 厘米，口径 20 厘米
1956 年山西省太原市 785 厂 M214 出土

口微侈，弧腹，圈足，挖足过肩。胎呈黄白色，胎质稍粗。通体施黄褐色釉，口沿处釉较薄，内底刮釉成涩圈，不甚规整。内壁印有花卉纹，碗心印"苑"字。孟家井窑烧造。

酱釉撇口碗

金

高 4.6 厘米，口径 11.8 厘米，底径 3.4 厘米

1954 年袁士香先生捐献

撇口，斜腹，圈足。内外施酱釉，釉施至下腹部，下腹及圈足露胎，胎色灰白。

黑釉兔毫盏

金

高 5.3 厘米，口径 13 厘米，底径 4.4 厘米

1959 年山西省太原市征集

敞口，口沿下内收，浅圈足。内外施黑釉，黄白色胎。口沿釉薄
呈浅褐色，外壁饰五组铁锈斑，碗内兔毫纹。

黑釉酱斑白口碗

金

高 8.3 厘米，口径 18 厘米，底径 6.5 厘米

1960 年山西省太原市征集

口微敛，弧壁内收，小圈足。口沿装饰白边，日本称之为
"白覆轮"。施黑釉，釉层偏厚，碗内饰有五块酱红斑，底
露胎处呈土白色，胎质较粗。

黑釉油滴碗

金
高 4.3 厘米，口径 9 厘米，底径 2.8 厘米
1991 年山西省朔州市政府 M42 出土

敞口，弧腹，小圈足。胎质较细，胎色灰白，碗内外施黑釉。釉面光亮，釉层表面散布着大小不一的银灰色油滴斑。

黑釉酱斑碗

金
高 8.5 厘米，口径 21.5 厘米
1953 年山西省太原市文物馆移交

直口微侈，弧壁，深腹，圈足，足沿较宽，足底斜削。黄白色胎，质稍粗，坚硬。通体施黑釉，釉色光亮，外部施釉至下腹部。内壁有五块酱色红斑。

黑釉油滴碗

金

高 4 厘米，口径 12 厘米，底径 4.5 厘米

1962 年山西省太原市文物馆移交

敞口，弧壁，圈足，胎色微黄。器身施黑釉，釉面较亮，在碗内釉层表面密布着银灰色油滴状结晶。

白釉碗

金
高 3.8 厘米，口径 11.8 厘米，底径 3.8 厘米
2000 年山西省保德县公安局移交

敞口，斜壁，圈足。白胎，胎质坚致，釉色洁白。碗内心有三个细小支钉痕，
外足底留有三个支钉。介休窑烧造。

白釉划花折枝莲花纹碗

金
高 3.8 厘米，口径 9.3 厘米，底径 2.5 厘米
1973 年山西省五台县河东村出土

芒口，敞口，弧腹，圈足。碗内刻划折枝莲花纹，刀法流畅犀利，纹饰生动自然。胎色
纯白，胎质细腻，通体施釉，釉面匀净。

白釉印花水草纹碗

金

高 5.9 厘米，口径 12.6 厘米，底径 4.5 厘米

1955 年山西省朔县亚麻厂 M12 出土

敞口，浅腹，下腹斜折，内底压印一圆形平面，涩圈，小圈足。内底边缘印水波纹，内壁水波纹中有四个半圆形开光，开光内印鸳鸯和水鸟。白胎，质较细。白釉闪青黄，光亮。施釉不及底。

白釉印花水草纹碗

金
高 6.2 厘米，口径 12.6 厘米，底径 4.5 厘米
1955 年山西省朔县亚麻厂 M9 出土

敞口，下腹斜折，内底压印一圆形平面，涩圈，小圈足。胎白，质较细。施白釉，釉面洁白光亮，外壁施釉不及底。碗内底印水波纹，内壁水波纹中有四个半圆形开光，开光内为鸳鸯和水鸟。足底墨书"右"字。

白釉印花花卉纹碗

金
高 4.5 厘米，口径 11 厘米
2000 年山西省保德县公安局移交

敞口，弧壁，圈足。白胎，胎质坚致，釉色洁白。碗内心刮釉一周，内壁印有一周花卉纹。

白釉印花水鸟纹碗

金

高 4 厘米，口径 11 厘米

2000 年山西省保德县公安局移交

敞口，弧壁，圈足。白胎，胎质坚致，釉色洁白。碗内心刮
釉一周，内壁印水波水鸟纹。

白釉印花水鸟纹碗

金

高 4 厘米，口径 11 厘米

2000 年山西省保德县公安局移交

敞口，弧壁，圈足。白胎，胎质坚致，釉色洁白。内壁印水鸟纹。

白釉印花花卉纹碗

金

高 4.5 厘米，口径 19.3 厘米，底径 6.4 厘米

1959 年山西省太原市玉门沟出土

敞口，浅弧腹，圈足。白胎，胎质坚致，施白釉，釉色洁白。碗内印花卉纹。

酱釉白口碗

金

高 4.9 厘米，口径 11.7 厘米，底径 3.4 厘米

旧藏

口外撇，弧腹渐收，圈足。口沿装饰白边，日本称之为"白覆轮"，器身施酱釉。圈足露胎，胎色偏白。

酱釉盏

金
高 4.9 厘米，口径 12.2 厘米，底径 4.5 厘米
1960 年北京市征集

敞口，斜腹，圈足外撇。土黄色胎，质地坚硬。通体施酱釉，釉色泛红。

白釉印花道教人物纹折沿盘

金
高 2.5 厘米，口径 21 厘米，底径 13.5 厘米
2015 年高飞先生捐献

花口，折沿，浅腹，圈足。内底模印道教人物纹、云鹤纹，腹部模印菊瓣纹，折沿处模
印莲瓣纹。胎色纯白，胎质细腻。通体施釉，釉面匀净。

白釉盘

金

高 6 厘米，口径 26 厘米，底径 9.5 厘米

1982 年白建平先生捐献

直口，斜腹，圈足，足底平切，胎色洁白，质地坚硬。施白釉不及底。碗内心有一周泥点支烧痕。浑源窑烧造。

白釉划花卷草纹盘

金

高 6 厘米，口径 25 厘米，底径 8.5 厘米

1982 年白建平先生捐献

敞口，斜腹，圈足，足底平切，施白釉不及底，胎色土黄。碗内心刮釉一周，内壁划卷
草纹，碗心饰莲瓣纹。足心墨书"白则"。介休窑烧造。

青釉刻花折枝牡丹纹盘

金
高 7.1 厘米，口径 29.3 厘米，底径 8.5 厘米
1982 年白建平先生捐献

敞口，浅弧腹，圈足。通体施青釉，釉面匀净，圈足底部刮釉。内壁上部两周
弦纹之间刻划缠枝牡丹纹，碗心一周弦纹内刻折枝牡丹纹，花瓣及叶子上以
篦划纹作装饰。

酱釉花口碟

金
高 2.5 厘米，口径 11.6 厘米，底径 4.7 厘米
1972 年山西省左权县粟城村出土

六曲花口微敞，弧腹，浅圈足。器身施酱釉，釉面匀净、光亮，器底露胎。

白釉碟

金
高 1.5 厘米，口径 11.5 厘米，底径 6 厘米
1973 年山西省兴县蔡家崖出土

撇口，斜直腹，圈足。釉面洁白，胎质坚硬。器内底均匀分布三个细小支钉痕。
介休窑烧造。

白釉印花童子戏莲纹碟

金
高 2.8 厘米，口径 12.3 厘米
2000 年山西省保德县公安局移交

敞口，浅弧腹，小圈足。胎体轻薄，釉面莹亮。内壁模印
童子戏莲纹，内底有涩圈。

白釉印花花卉纹碟

金
高 3 厘米，口径 12.1 厘米
2000 年山西省保德县公安局移交

敞口，浅腹，斜弧壁，圈足。白胎，胎质坚致，釉色洁白。碟内心刮釉一周，内壁印有一周花卉纹。外底墨书有"王口"。

白釉印花水波纹碟

金
高 2.3 厘米，口径 12.7 厘米
2000 年山西省保德县公安局移交

敞口，浅腹，斜弧壁，圈足。白胎，胎质坚致，釉色洁白。碟内心刮釉一周，内壁印水波纹。

白釉褐彩牡丹纹盒

金

高 3.2 厘米，直径 11.7 厘米

1958 年山西省太原市热电厂 M1 出土

浅腹，卧足，盖面略鼓。胎质较细，胎色土黄，通体施白色化妆土和微微闪黄的透明釉。盖面绘褐彩折枝牡丹纹，盖面边缘饰不连续的卷草纹一周。

钧釉匜

金
高 5.8 厘米，口径 6.7 厘米，底径 5.8 厘米
1977 年山西省应县城关出土

敛口，扁弧腹，平底。口一侧开一方孔，孔接曲流，流下为半圆环。胎白而略泛黄，胎质较粗。通体施天青釉，釉面有蚯蚓走泥纹。底部均匀分布五个支钉痕。

钧釉折沿盘

金
高 3.8 厘米，口径 19.3 厘米，底径 13.3 厘米
1977 年山西省应县城关出土

斜折沿，浅腹，大圈足。内外施天青釉，釉层厚而亮，釉面有小棕眼。足心
满釉，有五个支钉痕。

白釉黑彩折枝花卉纹虎形枕

金
高 8 厘米，长 32.5 厘米，宽 14 厘米
1979 年山西省长治市征集

枕呈卧虎状，一端虎头伏于前腿之上，浓眉大眼，小鼻宽嘴，门牙微露，憨态可掬，口内开一气孔，另一端为虎尾，尾巴贴于虎身右侧，虎背为枕面，上绘一折枝花。除枕面外，其余用黄黑彩装饰。长治窑烧造。

白釉剔花折枝花卉纹枕

金
高 13.8 厘米，长 30.2 厘米，宽 23.4 厘米
1956 年山西省太原市 785 厂 M37 出土

枕呈腰圆形，略下凹，枕壁竖直，平底。土黄色胎，质较粗。枕面饰剔花花卉纹，
枕壁及底部施绿釉，土沁严重。前枕壁有三处支烧痕。

白釉褐彩折枝花卉纹枕

金
高 13.5 厘米，长 24.5 厘米，宽 23.5 厘米
1999 年山西省太原市征集

椭圆形，枕面微出檐，弧壁，平底，前壁右下角有一
气孔。施白釉至底，有轻微流釉现象，底部露胎，胎
质坚硬。枕面如意形开光内用褐彩绘折枝花。

白釉划花折技牡丹纹枕

金
高13厘米，长24.5厘米，宽23.5厘米
1999年山西省太原市征集

枕呈四瓣花形，上大下小，枕面微出檐，弧壁，平底。浅黄色胎，胎质较粗。施白色化妆土。枕面边缘划双线花瓣形开光，开光内划折枝牡丹纹。

白釉剔划花束莲纹枕

金

高 20.5 厘米，长 26.3 厘米，宽 23.4 厘米

1953 年山西省太原市出土

枕呈椭圆形，枕面前低后高，内凹，枕面和枕底凸出一周圆形棱边，平底。后壁有一圆形气孔。浅黄白胎，胎质稍粗。施白色化妆土，罩透明釉，釉色泛黄，施釉至底边。枕面椭圆形边框内剔出束莲纹，并用细线划出花瓣、叶脉等细部。

白釉划花诗文枕

金

高 10.2 厘米，长 26.6 厘米，宽 23 厘米

1983 年山西省太原市征集

腰圆形枕，上大下小，枕面微出檐，弧壁，平底。浅黄色胎，胎质较粗。枕后壁有一气孔。枕壁模印花纹，枕面草叶纹为底，方形开光内刻五言诗一首："白波日日走，青山日日闲。自家无本事，却道世途难。"

白釉划花水波纹枕

金
高 11 厘米，长 24.5 厘米，宽 22.5 厘米
1959 年山西省太原市征集

马鞍形，枕面前低后高，内凹呈弧形，边壁斜直。施白釉，胎呈黄色，胎质较粗。枕底有两气孔。枕面连续卷叶纹框边，中间刻划水波纹。枕壁印缠枝花卉。

白釉剔划花诗文枕

金

高 16 厘米，长 31.3 厘米，宽 23.8 厘米

1965 年山西省太原市郝庄出土

马鞍形，枕前低后高，枕面内凹呈弧形，边壁微鼓。枕面周边出宽檐，平底，枕正面有一圆形气孔。胎呈黄白色，胎质坚硬。施白色化妆土，罩透明釉。枕面花瓣形开光，开光内词牌《武陵春》一首，内容为"春去秋来何日了，忙里且偷闲。百岁光阴似梦间，不觉鬓成斑。今日不知明日事，休把两眉攒。富贵贫穷都在天，谁悄是谁奸。"词义简单，笔法直率。开光周围剔花卉纹。

"泰和四年"铭白釉划花莲池游鱼纹枕

金

高 13 厘米，长 26 厘米，宽 23 厘米

1967 年山西省太原市北郊征集

椭圆形枕面，前低后高，两端微微翘起，平底。胎质较细，胎色土黄，施白色化妆土，后施透明釉，釉色略泛黄。枕面边缘用双线划出花瓣形开光，开光内刻莲池游鱼纹，枕壁印菱形方格纹。底面墨书"泰和四年六月六日价三十八疋"。

白釉划花莲鱼纹枕

金
高 13.7 厘米，长 24 厘米，宽 23 厘米
旧藏

腰圆形，枕面下凹，枕壁斜直内收，平底。施白釉，釉色泛黄，底露胎，胎白细腻坚致。枕面圆形开光内刻划莲鱼纹。一只游鱼穿梭在荷叶之下，画面简单生动。底部中心有一小气孔。

白釉划花荷叶纹枕

金
高 13.6 厘米，长 26.5 厘米、宽 23.6 厘米
1965 年山西省太原市郝庄出土

马鞍形，枕面前低后高，内凹呈弧形，边壁较直，枕面周边出宽檐，底部出浅台。平底。枕面三圈阴线弦纹内划水波荷叶纹。胎质坚致，施白釉，釉层稀薄，白中泛黄，施釉及底。

白釉剔划花折枝莲花纹枕

金

高 12 厘米，长 26.3 厘米，宽 23.3 厘米

1952 年山西省太原市团校出土

马鞍形，枕面前低后高，内凹呈弧形，边壁较直，枕面周边出宽檐，底部出浅
台，平底，底面有二扁孔。胎呈黄白色，胎质较粗。施白色化妆土，外罩透明
釉。枕面圆形边框内划出菱形开光，开光内剔折枝莲花，开光外划水波纹。
底部有墨书"□□歌"。

白釉剔划花折枝花卉纹枕

金

高 16.5 厘米，长 32.3 厘米，宽 29 厘米

1956 年山西省太原市 785 厂出土

马鞍形，枕面周边出宽檐，底部出浅台，枕面略呈圆角方形，前低后高。两端微微翘起，平底。胎色土黄，胎质较细，施白色化妆土，外罩透明釉。枕壁印缠枝牡丹纹，枕面采用剔化妆土装饰工艺，饰折枝花卉纹。

白釉剔划花束莲纹枕

金

高 17 厘米，长 29.7 厘米，宽 26.5 厘米

1955 年山西省太原市建筑公司出土

马鞍形，枕面前低后高，内凹呈弧形，边壁斜直，底微外撇，平底，枕后壁有一圆形气孔。胎呈黄白色，胎质较粗。施白色化妆土，外罩透明釉。枕面开光内剔刻莲荷纹。

白釉剔划花花卉纹枕

金
高 15 厘米，长 29.2 厘米，宽 27 厘米
旧藏

马鞍形，前低后高，枕面周边出宽檐，内凹呈弧形，边壁较直，平底。枕面圆形边框内划出菱形开光，开光内剔划花卉纹，开光外刻划卷叶纹，白胎，胎质较细。施白色化妆土，罩透明釉，釉色白中泛黄，有极细小的棕眼和少量的裂纹。

白釉印花折枝牡丹纹枕

金
高 13.4 厘米，长 33.2 厘米，宽 12.7 厘米
1985 年山西省太原市卧虎山出土

枕椭圆形，上大下小，边缘出檐一周，中心略下凹，枕壁斜直向下略收，平底。底面呈
近圆形，底部留有两个通气小孔。枕面两周弦纹内印折枝牡丹花，枕壁印连续毯纹。
施白釉，底不施釉，胎质较细。

白釉黑彩诗文枕

金

高 14 厘米，长 27 厘米，宽 24.2 厘米

1985 年山西省太原市双塔寺工地出土

椭圆形，边缘出檐一周，中心略下凹，枕壁向下略收，平底窄沿，底部中心有两个通气孔。胎质较细，胎色白而略泛黄。施白色化妆土，罩透明釉，釉色略泛黄。枕面边缘划三重波曲纹一周，内黑彩书"高卷绣帘观夜月，低垂银障（帐）玩秋金灯"。

白釉印花牡丹纹长方枕

金
高 10.3 厘米，长 19.9 厘米，宽 12.2 厘米
1984 年山西省阳曲县征集

长方形，枕面内凹，两边耸起。边壁斜直内收，平底。施白色化妆土，外罩透明薄釉。
胎白中泛黄，胎质较粗。枕面印缠枝花卉纹，四壁印缠枝菊。

黄褐釉卧狮枕

金

高 12 厘米，长 25.7 厘米，宽 15 厘

1953 年山西省太原市文物馆移交

枕体为一卧狮，前肢垫起狮首，四肢健壮，尾巴贴于前侧，狮头面向前方，双眼圆睁突出，卷云形浓眉和鬃毛，鼻孔朝前，微张口露出利齿。枕面呈椭圆形，两端上翘，中间微凹。通体施褐釉。

黄绿釉双狮枕

金
高 15.5 厘米，长 33 厘米，宽 12 厘米
1999 年山西省太原市征集

枕体为相背盘踞的双狮，枕面近椭圆形。器身施绿釉，鬃
毛等处装饰黄釉。胎体厚重，造型古朴。

黄绿釉划花诗文枕

金
高 11 厘米，长 33.9 厘米，宽 22 厘米
旧藏

腰圆形枕，枕面微凹，弧壁，平底，施化妆土，绿釉施至上半部，胎色微黄。枕面刻一周云纹，中间如意开光内刻有唐代路德延的五言律诗《芭蕉》，"一种灵苗异，天然体性虚。叶如斜界纸，心似倒抽书"。四周用黄绿彩绘荷莲纹做装饰。当阳峪窑烧造。

黑釉印花枕

金

高 15.5 厘米，长 29 厘米，宽 25.5 厘米

1953 年山西省太原市文物馆移交

枕面下凹，两端翘起，枕壁略内收，平底，底心有两圆形气孔。黑釉光亮，釉面有细小的棕眼。枕壁一周模印缠枝牡丹纹。白色胎，质坚致。

黄褐釉花口钵

金

高 12.3 厘米，口径 15.2 厘米

1954 年山西省榆次市猫儿岭出土

七瓣花口，折沿，直腹稍曲，与花口对应处为七道印痕，略呈瓜棱腹状，下腹斜折，高圈足。浅黄色胎，胎质较粗。内施满釉，外部施釉至足壁。浅绿褐色釉，有较多棕眼。内心一周涩圈，不甚工整。榆次窑烧造。

青釉盘

金
高 4 厘米，口径 15.7 厘米，底径 5.2 厘米
1960 年北京市征集

敛口，斜腹急收，浅腹，圈足。通体施青釉，釉色匀净，
胎呈黄褐色。

白釉盘

金

高 2.6 厘米，口径 12.5 厘米，底径 5.8 厘米

1965 年山西省太原市太纺工地出土

敛口，口下急收，圈足。盘内心有支钉痕，盘内及盘外口沿处施有化妆土，外罩透明釉。

黑釉碗

金
高 7.6 厘米，口径 17.9 厘米，底径 6.5 厘米
山西省侯马市褚村砖瓦窑厂出土

敞口，斜弧腹，喇叭形足，足底有一周凸棱，足内有一脐心。胎白色，质坚致。通体施
黑釉，釉面光亮。碗心有一涩圈。

黑釉酱斑罐

元

高 17.5 厘米，口径 12.9 厘米，底径 13 厘米

1954 年山西省太原市三砖厂墓出土

折沿子口盖。平口，溜肩，圆鼓腹，平底。胎为浅赭色，胎质稍粗。罐内外施黑釉，釉面较亮。罐与盖饰大小不等的铁锈花斑块。底部有两处支烧痕，且粘有窑渣。

白釉褐彩折枝花卉纹罐

元
高 26 厘米，口径 14.8 厘米，底径 12 厘米
旧藏

直口，圆肩，下腹内敛，隐圈足。有化妆土，罩透明釉，以褐彩为装饰，上部绘折枝花，下部绘变形花叶，纹饰随性洒脱。

黑釉剔花折枝花卉纹罐

元

高 34.6 厘米，口径 15.6 厘米，底径 14.8 厘米

山西省太原市征集

直口，窄折沿，丰肩，圆鼓腹，腹部至底弧收，圈足。胎色白中泛黄，胎质略粗。通体施黑釉，足底不施釉。肩部采用剔釉工艺饰缠枝卷叶纹。腹部则先划出三组菱形开光，于开光内分别剔牡丹、荷花、菊花，用细线刻划叶脉、花瓣和花蕊。

钧釉双耳三足炉

元至元二年（1265 年）
高 18.6 厘米，口径 14.6 厘米
1958 年山西省大同市宋家庄冯道真墓出土

浅盘口，粗直颈，扁圆鼓腹，下接三兽蹄足，长方形带孔立耳，立耳下部贴塑螭龙，螭龙与肩部相连。全身除炉内及足底外，遍施天青釉，釉层肥厚，流淌交融。

钧釉盘

元至元二年（1265 年）

高 3.8 厘米，口径 16.6 厘米，底径 6.8 厘米

1958 年山西省大同市宋家庄冯道真墓出土

敛口，浅腹，圈足。胎色白中泛黄，胎质较细。盘内外施钧釉，釉色天蓝，圈足未施釉，外壁局部施釉不及底。

钧釉碗

元至元二年（1265 年）

高 5.4 厘米，口径 12 厘米，底径 4.2 厘米

1958 年山西省大同市宋家庄冯道真墓出土

敛口，弧腹，圈足。胎呈灰色，胎质较为细腻。碗内外施钧釉，圈足未施釉，
圈足内有釉斑。

钧釉三足炉

元
高 8.6 厘米，口径 7.9 厘米
1959 年上海博物馆调拨

撇口，直颈，扁鼓腹，底部粘接三乳状足。炉通体施钧釉，天青色，釉层肥厚，底有
积釉。黄褐色胎，胎体厚重。造型圆润浑厚。

白釉玉壶春瓶

元
高 26.5 厘米，口径 6.7 厘米
1960 年山西省襄汾县出土

撇口，细长颈，圆鼓腹，圈足，胎质坚致，器身施化妆土，外罩透明釉，釉面有冰裂开片。外底墨书"杨文卿"。该瓶造型端庄秀美，釉面温润洁净。

白釉褐彩玉壶春瓶

元
高 28.3 厘米，口径 7.1 厘米，底径 8.1 厘米
1955 年山西省太原市南坪头出土

侈口，细颈，垂腹，圈足。足沿斜削，足心较平。胎为黄白色，稍粗。通体施釉，外部施釉至腹下部，釉色白中泛黄，釉面较亮。颈至腹有三组褐色弦纹，将腹部分为上下两部分，上部绘有两枝折枝卷叶花，下部绘有三朵花卉纹，底部有墨书"刘山口"三字。榆次窑烧造。

白釉褐彩带座玉壶春瓶

元

左：高 25.5 厘米，口径 5.4 厘米，
底径 10.7 厘米

右：高 25 厘米，口径 5.8 厘米，
底径 10.3 厘米

1985 年山西省太原市移村出土

侈口，细颈，圆鼓腹，腹下部为喇叭
形三层高台底座。浅灰白胎，胎质
较细。通体施釉，瓶身为白中泛灰
色釉，底座为黑褐色釉，釉面密布
气泡。外部施釉至底座沿，内壁于
瓶肩部绘有两组，腹下部绘有一组
褐色双弦纹，腹部绘花卉纹，底有
六个支钉痕。

"风花雪月" 白釉黑彩四系瓶

元

高 27 厘米，口径 4 厘米，底径 8.5 厘米

1986 年钱自在先生捐献

小口，短颈，橄榄形长鼓腹，宽缘圈足。颈与肩之间有四系，系面均印有数条平行的直纹。瓶上部施白釉，下部施黑釉，底无釉，胎质粗糙。上腹部墨书有"风花雪月"四字。

黑釉划花卷叶纹梅瓶

元

高33厘米，口径4厘米，底径8厘米

1974年山西省汾阳县征集

梯形口，短颈，丰肩，肩以下渐收，近底处微外撇，隐圈足，挖足较深。器身施黑釉，底不施釉，灰白胎，胎质较粗。四组弦纹将器身分隔为三条纹饰带，上下纹饰带内划卷草纹，中部纹饰带内划卷叶纹。

黑釉小口瓶

元
高 22.8 厘米，口径 4.8 厘米，底径 9 厘米
1953 年山西省太原市文物馆移交

小束口，短颈，圆鼓腹，下腹内收，隐圈足。器型规整浑圆。器身施黑
釉，釉泛褐色。足不施釉，露浅赭黄胎，胎质稍粗。

白釉褐彩飞凤纹罐

元

高 34.8 厘米，口径 17.7 厘米，底径 15 厘米

旧藏

直口，短颈，溜肩，鼓腹，腹以下斜收，底内凹呈环形。胎灰白，有化妆土。器身纹饰分两组，上部以褐彩绘展翅飞翔的云凤图案，下腹为褐彩写意小鸟，线条流畅，生动自然。

黑釉铁锈花玉壶春瓶

元
高 28.5 厘米，口径 7.5 厘米，
腹径 16 厘米
1983 年山西省柳林县薛村出土

撇口，细长颈，垂腹，外撇圈足。胎
质略粗，胎色土黄，通体施黑釉，圈
足底部刮釉一圈。腹部绘铁锈色草
叶纹三组。

黑釉油滴盘

元
高 3.5 厘米，口径 15.5 厘米，底径 6.3 厘米
1960 年山西省太原市征集

口微敛，浅弧壁，圈足。内外施黑釉，釉色乌黑，盘心黑釉中布满银白
色油滴状结晶。

酱釉钵

元
高 4 厘米，口径 6.8 厘米，底径 4.5 厘米
1960 年北京市征集

敛口，弧壁，浅腹，圈足。器身内外施酱釉，釉施至下腹部，釉面光亮。
胎呈黄白色，胎质粗糙。

黑釉酱斑钵

元

高 6.5 厘米，口径 10.5 厘米，底径 5.8 厘米

1955 年山西省太原市并州路出土

口微敛，芒口，矮筒形壁，壁略外弧，下腹部圆折，圈足。挖足过肩，足心微凸。黄白胎，质稍粗。黑褐色釉，施釉至下腹部。外壁饰有六块酱红斑。

白釉黑花盖钵

元

高 11 厘米，口径 9 厘米，底径 5.7 厘米

1959 年山西省太原市南坪头出土

弧顶斜檐子口盖。直口，筒形腹，下腹圆折，圈足。黄白胎，质较粗。盖顶黑彩书写
"花"字，钵外壁一周绘三枝简笔花卉。

白釉钵

元

高 15.5 厘米，口径 23.5 厘米，底径 10.5 厘米

山西省太原市兴县城关出土

唇口，弧壁，圈足，足缘斜削一周，外底心有一脐点。胎色灰白坚致，施化妆土，外罩
透明釉。器身有拉坯时形成的凸棱痕迹。河津窑烧造。

白釉高足碗

元
高 5.9 厘米，口径 8.8 厘米
1958 年山西省太原市 743 厂出土

敞口，深弧腹，下接外撇竹节状高足，足外沿斜削。白胎，胎质坚致。施釉至足柄，釉色洁白。内底有三个细小支钉痕。霍州窑烧造。

白釉碗

元
高 4.9 厘米，口径 8.9 厘米，底径 3.3 厘米
旧藏

敞口，弧壁，高圈足外撇，足墙饰凸弦纹，外沿斜削。白胎，胎质坚致，釉色洁白。底足粘有三个细小支钉。霍州窑烧造。

白釉高足杯

元

高 9.5 厘米，口径 8.3 厘米，底径 3.8 厘米

2000 年山西省保德县公安局移交

敞口，深腹，下承上小下大的竹节式高足。施白釉，釉不及底，足底部有三个细小的支烧痕，制作规整。胎质细腻，釉色洁白。霍州窑烧造。

白釉高足杯

元
高 10 厘米，口径 8.3 厘米，底径 3.8 厘米
1992 年山西省平遥县征集

撇口，深弧腹，下承上小下大的竹节式高足。施白釉，釉不及底。胎质细腻，釉色洁白。足底部有三个细小的支烧痕，制作规整。霍州窑烧造。

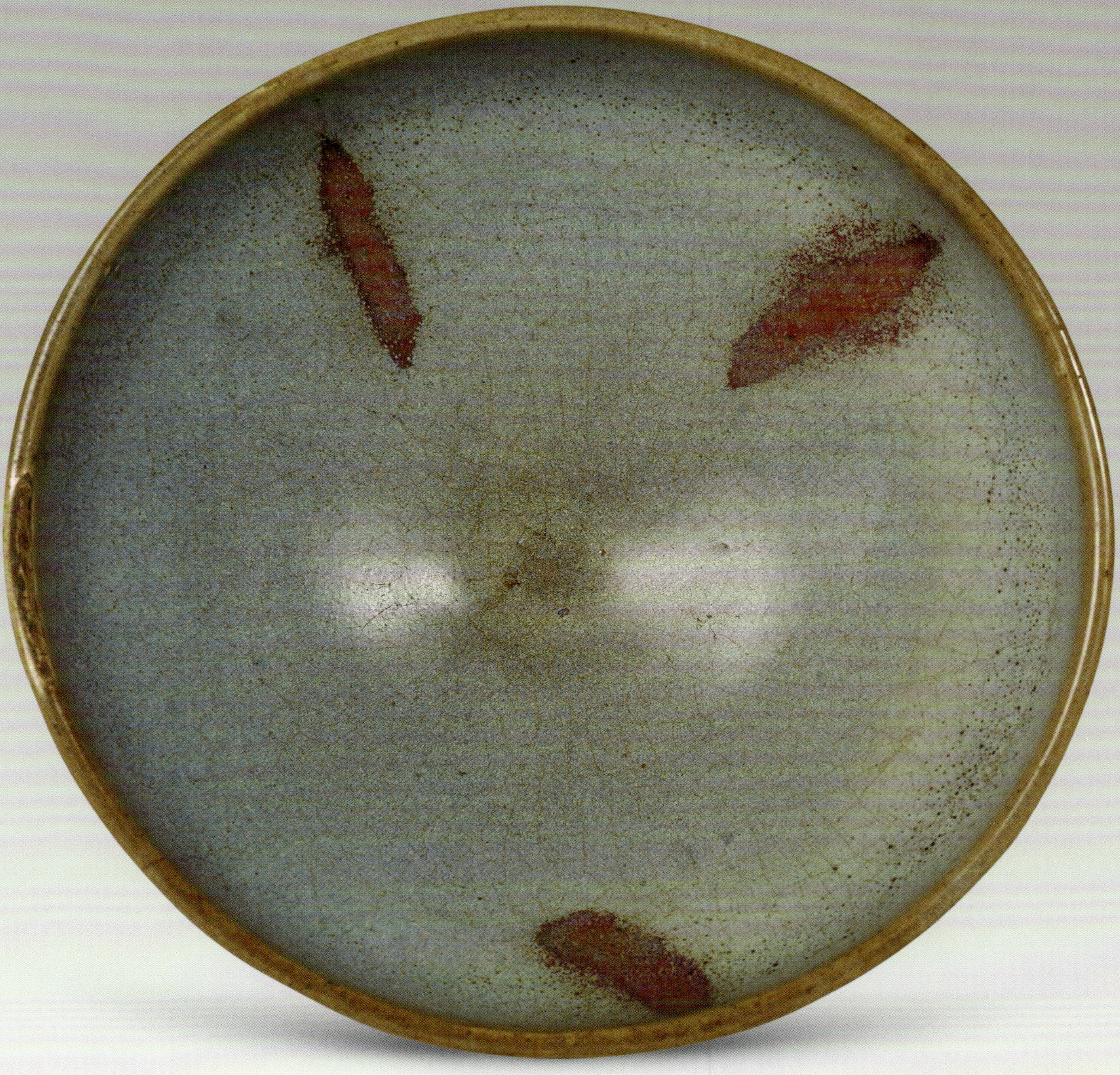

白釉印花双鱼纹折沿盘

元

高 3.8 厘米，口径 12.5 厘米，底径 4.1 厘米

1954 年袁士香先生捐献

平折沿，斜直壁，下腹内折，圈足。镶口，内外施白釉，釉色白中泛牙黄。胎白坚致。内底模印荷莲双鱼纹，双鱼在荷莲中穿行。外底足留有五个支烧痕。霍州窑烧造。

钧釉红斑碗

元

高 8.3 厘米，口径 20.4 厘米，底径 8.1 厘米

1974 年山西省永济县王村出土

直口，斜弧腹，直壁圈足，内壁斜削，足心有乳突。黄白胎，胎质较细。施釉至下腹近足处，釉为青色，内壁口腹处有一大一小两处红斑。

钧釉红斑碗

元
高 8 厘米，口径 19.2 厘米，底径 5.7 厘米
1965 年山西省太原市征集

口微敞，斜弧壁，深腹，足沿斜削，挖足较浅。黄白胎，胎质较粗。青色乳浊釉，釉上有浅隐开片。施釉至下腹部，有垂釉。碗内装饰有三片叶形红斑。

钧釉碗

元

高 7.5 厘米，口径 8.3 厘米，底径 6.5 厘米

1973 年山西省太原市大井峪出土

口微敞，斜弧壁，深腹，足沿斜削，挖足较浅。黄白胎，胎质较粗。施青色乳浊釉，釉不及底，外壁至下腹部，有垂釉。釉上有细小开片。

钧釉碗

元
高 8.5 厘米，口径 19.5 厘米，底径 6.9 厘米
1962 年山西省太原市征集

口微敞，上壁弧曲，下壁斜直，深腹，足沿斜削。黄胎，胎质较粗。藏青色乳浊釉，釉面光亮，有棕眼。施釉至下腹部，有垂釉。

钧釉碗

元
高 9.2 厘米，口径 19.7 厘米，底径 7 厘米
1960 年北京市征集

敛口，斜壁，圈足，足心微凸。浅褐黄色胎，胎质稍粗。釉色蓝中泛绿，
口沿发色偏黄，棕眼密布。

钧釉红斑碗

元
高 9.3 厘米，口径 21.4 厘米，底径 7 厘米
旧藏

敛口，斜曲腹，圈足外撇，内壁斜削，足心有乳突。黄白胎，胎质较细。施天青釉，釉不及底，有疏朗的大开片，内壁口腹处有一叶形紫斑。

钧釉盘

元

高 4.3 厘米，口径 18.5 厘米，底径 7.7 厘米

1988 年山西省太原市征集

敛口，浅曲腹，圈足。施天青色釉，釉面有棕眼，灰色胎，
刷酱色护胎水。

钧釉金釦高足碗

元
高 4.5 厘米，口径 19.5 厘米，底径 3.5 厘米
1959 年上海博物馆调拨

敞口外撇，深腹，弧壁，圈底，下承高足柄，柄足
微外撇。施釉至柄下部，露胎处呈土黄色，胎质
较粗。口沿镶金釦，器内有两块淡紫色斑块。

青白釉魂瓶

元

高 71 厘米，口径 8.2 厘米，
底径 10.1 厘米
1959 年上海博物馆调拨

长颈，椭圆腹，底足外撇，上有覆钟形盖，鸟形盖纽。通体施青白釉，釉不及底。颈部堆塑一龙纹盘曲环绕瓶口下，龙头与龙尾中间贴塑一人物俑。俑上饰日、月纹，空白处以飞鸟纹、鹿纹、龟纹填充，颈部下方贴饰十二人物俑环绕瓶颈一周，连接处有一杂花纹，下有一伏童。

此类瓶又被称为"魂瓶""皈依瓶""粮罂瓶"等，是一种丧葬明器，以江西景德镇窑青白釉制品最为著名。

青白釉魂瓶

元
高 69.5 厘米，口径 8.3 厘米，
底径 10 厘米
1959 年上海博物馆调拨

长颈、椭圆腹、底足外撇，上有覆钟
形盖，鸟形盖纽，通体施青白釉，釉
不及底。颈部堆塑一龙纹蟠。曲环绕
瓶口下，龙头与龙尾中间贴塑一人物
俑。俑上饰日、月纹，空白处以飞鸟
纹、鹿纹、龟纹填充，颈部下方贴饰
十二人物俑环绕瓶颈一周，连接处有
一杂花纹，下有一伏童。

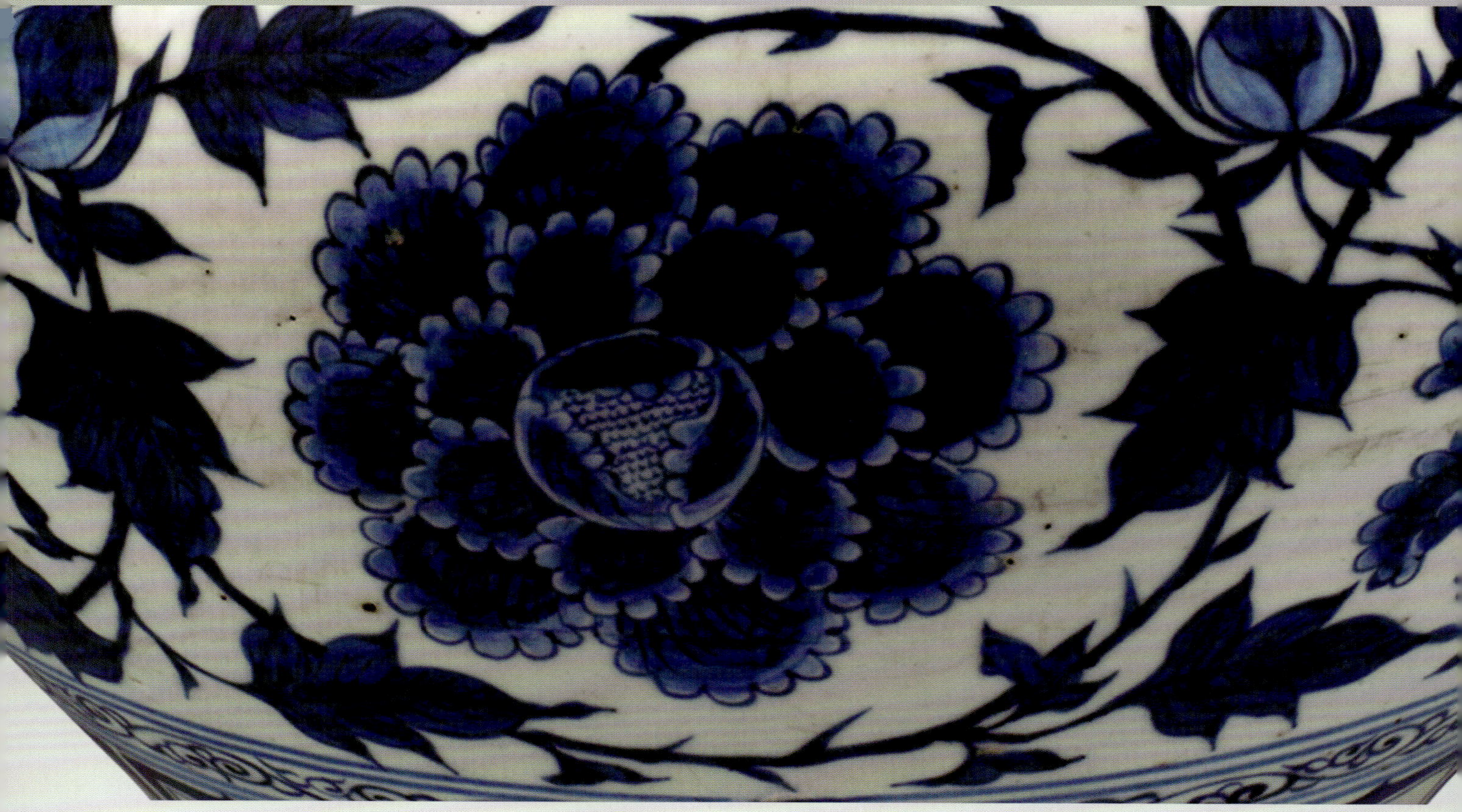

青花缠枝牡丹纹罐

元

高 28 厘米，口径 20.9 厘米，底径 20.4 厘米

1952 年山西省太原市征集

侈口，短颈，广肩，腹部上鼓下收，底内凹呈环形足，胎骨厚重，釉色青白，外壁绘青花。纹饰分四层，颈为姜芽海水纹，肩为缠枝莲，腹绘缠枝牡丹。胫部一周莲瓣纹。青花呈色浓艳，青料铁锈隐现。

青釉贯耳瓶

元

高 16.6 厘米，口径 3.2 厘米，底径 5.1 厘米

1962 年北京市征集

直口，长颈，颈上部附一对管状贯耳，溜肩，圆鼓腹，圈足外撇。通体施青釉，釉面光洁滋润。足端可见修整痕迹，未施釉，呈酱色。龙泉窑烧造。

青釉三足炉

元

高 12.8 厘米，口径 14 厘米

1958 年上海博物馆调拨

宽平沿，短直颈，腹近球形，腹下接三蹄足。三足及底部露赭红色胎，底有一圆孔，施青釉，有开片。器型端庄浑厚。龙泉窑烧造。

226

青釉贴塑双鱼纹折沿盘

元

高 3.5 厘米，口径 13 厘米，底径 5.8 厘米

1958 年上海博物馆调拨

宽折沿，瓜棱状弧壁，圈足。施青釉，釉不裹足，底足刷护胎釉。
盘内心贴塑两条小鱼。龙泉窑烧造。

山西博物院藏品概览·瓷器卷 I

青釉印花折枝牡丹纹盘

元

高 5.3 厘米，口径 33.6 厘米，底径 22.5 厘米

1962 年北京市征集

敞口，卷沿，弧壁，大圈足。器身施青釉，外底足一周有红色护胎釉。器内心印有折枝牡丹纹，周边一圈刻划竖条纹，口沿一周装饰连续卷云纹。

青釉八卦纹三足炉

元

高 6 厘米，口径 12.2 厘米

1960 年山西省大同市下王庄出土

直口，斜腹，平底，三兽足，足不及地。施青釉，底露胎处呈红色。炉身饰八卦纹，古朴墩厚。龙泉窑烧造。

青釉罐

元

高 17.5 厘米，口径 18 厘米，底径 12.8 厘米

1957 年山西省太原市迎泽公园出土

窄唇，圆肩，斜腹，隐圈足，挖足较深。浅灰白胎，胎质细腻。釉色翠绿泛青，釉层光亮。密布细小气泡，有稀疏大开片。口部，足沿一周无釉。由肩至底有六十四道凹槽，凸起处釉薄而呈浅黄白色。龙泉窑烧造。

青釉刻花莲花纹碗

元

高 6 厘米，口径 16.5 厘米，底径 6.4 厘米

1958 年上海博物馆调拨

敞口外撇，弧壁，圈足。器身施青釉，釉色匀净。底足不施釉，胎灰，质地坚硬。碗内腹部有一周凹弦纹，碗心刻并蒂莲。龙泉窑烧造。

青釉菊瓣盏

元
高 4.5 厘米，口径 7.8 厘米，底径 2.9 厘米
1961 年郭义先生捐献

葵瓣状口，斜曲腹。自口部以下向内压印菊瓣纹，圈足外撇，足心有脐点。器身施青
釉，釉色匀净明亮，压印处由于积釉颜色较深。底足露胎处呈土黄色。

白釉褐彩山水人物纹枕

元
高 5.8 厘米，长 32.8 厘米，宽 15 厘米
1983 年阎马英先生捐献

长方形，前低后高，枕面出檐，胎黄坚致，施白釉，底不施釉。枕面、枕壁用褐彩装饰，枕面开光内绘山水人物；枕前壁绘凤穿花，后壁绘老虎，枕侧壁绘折枝花纹。

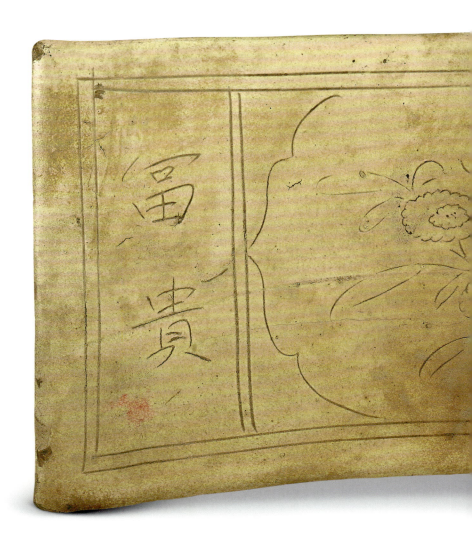

白釉划花折枝花卉纹长方枕

元

高 11.8 厘米，长 33.2 厘米，宽 17.4 厘米

1958 年山西省太原市征集

长方形枕，枕面微凹，前端向内微微弯曲。斜直壁内收，平底。施化妆土，外罩透明釉，釉色泛黄，枕下壁及底不施釉，胎黄坚致。枕面菱形开光内刻划折枝花，两侧刻"长命""富贵"四字。临汾窑制品。

黄绿釉长方枕

元

高 13 厘米，长 50.5 厘米，宽 18.5 厘米

1999 年山西省太原市征集

枕呈长方形，枕面中间微微下凹，枕壁斜直，平底。枕下部及底露胎，胎色泛黄。枕壁四面绘连续半毯纹。枕前壁开有一个气孔。枕面褐色方形开光内绘莲荷纹，中间上下簇拥四朵褐彩莲花，两侧用绿彩绘出荷叶。